Stadt
Obernbaum
Baaken
Grosser Grassbroock
Schumacher Waerder
Lütje Waerder
Joachimsthal
Grosse
Norderste
Boverste Waerder
Nieder
Stillhörner oder
broock
Niedernbaum
Norder Sandwaerder
Kleine Grass
Vogel Reth
Ost Düpe
West Düpe
Sandwaerder
Waerd

ERINNERN · ENTDECKEN · ERLEBEN

HAMBURG

Fotografie: Susanne Hinderks
Text: Barbara Beuys/Alice Ohrenschall

Verlag Das Beste Stuttgart · Zürich · Wien

*«Es könnte kommen, daß Sie es im Himmel bereuten,
Hamburg nicht gekannt zu haben...»
Georg Christoph Lichtenberg (1742–1799).*

Blick auf die St.-Pauli-Landungsbrücken und die Werften von Steinwerder.

HAMBURG

INHALT

CHRONIK

PORTRÄT

GLOSSAR

SPECIAL

Die Speicherstadt mit Hafen und Lagerhaus, im Hintergrund der Rathausturm.

CHRONIK

Stadtgründung.
Zu Beginn des 9. Jahrhunderts wird, wahrscheinlich auf Veranlassung Karls des Großen, die Hammaburg angelegt, in deren unmittelbarer Nähe eine Wiksiedlung entsteht.
Seite 9

Im Zeichen der Hanse.
Im Laufe des Mittelalters wird Hamburg ein wichtiges Mitglied im Hansebündnis. Besonders im 14. Jahrhundert mit dem Aufkommen der Exportbrauerei beginnt der Handel zu florieren.
Seite 12

Die Entwicklung zur Großstadt
setzt im 19. Jahrhundert mit dem Ausbau des Freihafens und dem Zollanschluß an das Deutsche Reich ein. Es ist zugleich aber auch eine Zeit großen sozialen Elends, wie der Cholerasommer 1892 zeigt.
Seite 15

Neubeginn.
Nach dem Zweiten Weltkrieg, in dessen Bombenhagel weite Teile der Stadt zerstört wurden, beginnt der Wiederaufbau unter Max Brauer als Erstem Bürgermeister.
Seite 17

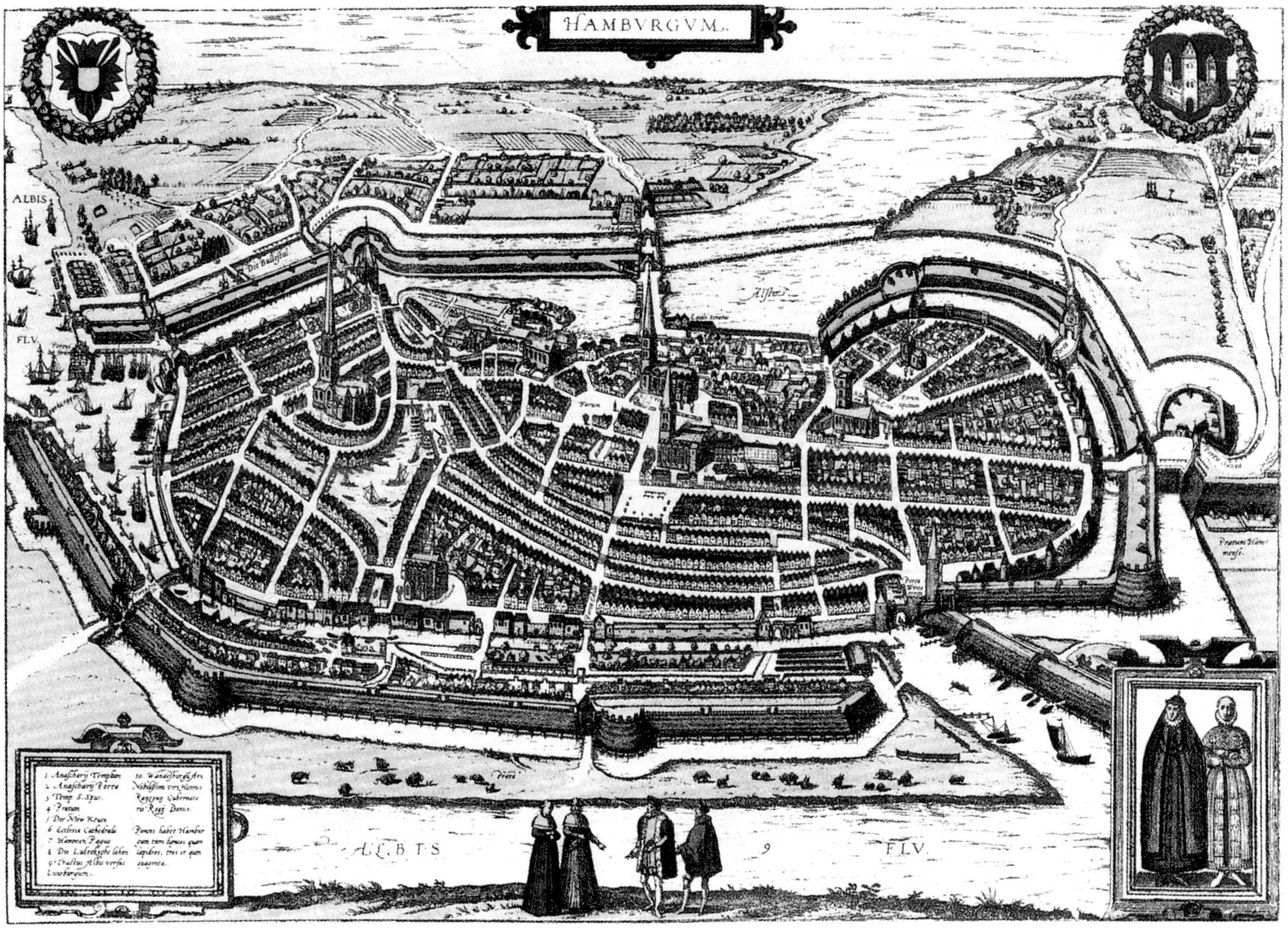

Hamburg um 1600 (Kupferstich).

Anfang des 9. Jahrhunderts, nach der endgültigen Eingliederung der nordalbingischen Sachsen in das Frankenreich, wird **auf dem Geestsporn** südlich der heutigen Petrikirche wahrscheinlich auf Veranlassung Karls des Großen ein befestigter Stützpunkt, **die Hammaburg,** angelegt. Den Namen Hammaburg führt der Platz schon länger, denn bereits im 6./7. und 8. Jahrhundert gab es dort eine inzwischen verfallene Festung oder Burg im slawisch besiedelten Gebiet.

Auf diesem historischen, zu Alster und Elbe verkehrsgünstig gelegenen Platz liegt nun inmitten der neuen Umwallung eine Kirche, die wahrscheinlich seit 831 (die Quellenforscher sind sich nicht einig) Sitz des **Erzbischofs Ansgar**, des «Apostels des Nordens», ist. Westlich der Klosterburg siedeln sich Schiffskaufleute und Handwerker an. Es entsteht eine **Wiksiedlung**. Sie übersteht, wenn auch gründlich ausgeplündert, den Wikingerüberfall im Jahr 845, bei dem die Hammaburg zerstört wird. Daraufhin wird **das Bistum Hamburg 848 mit dem Bistum Hamburg-Bremen vereinigt und der Bischofssitz nach Bremen verlegt**.

Von den Wikingern wird Hamburg bis zur Jahrhundertwende noch mehrfach überfallen, und gleich zu Beginn des neuen Jahrhunderts erlebt die Stadt **915 bis 916 einen Slaweneinfall**. Das Leben in der Wiksiedlung geht weiter, aber um die Kirche bleibt es lange still. **Erst Erzbischof Adaldag, Reichskanzler des Kaisers Otto I., nimmt sich des Wiederaufbaus von Hamburg an.** Er verschafft der Stadt mit kaiserlichen Privilegien **die urkundliche Bestätigung einer uneingeschränkten Gerichtsbarkeit für die Stadt und die zugehörige Region**. 965 wählt Adaldag für den von Otto abgesetzten Papst Benedict V. Hamburg als Exil.

Das ist für Hamburgs Entwicklung nicht unwichtig. Otto stärkt Hamburg weiter dadurch, daß er seinem Markgrafen, **dem Herzog von Sachsen, Hermann Billung, Hamburg als Residenz** zuweist. Nach dem Tod Ottos II. zerstören die Abodriten – auch unter dem Namen Obotriten erwähnt – die Stadt: Sie brennen Hamburg nieder.

Anfang des 11. Jahrhunderts errichtet Herzog Bernhard II. von Sachsen **eine steinerne Alsterburg**, und Erzbischof Unwan betreibt die Wiederherstellung des Bischofssitzes Hamburg. Nach dem Tod Bernhards II. jedoch verläßt dessen Sohn, Herzog Ordulf, die Stadt und er-

Er gilt als Begründer der Hammaburg – Karl der Große (747–814), hier neben Karl V. auf einem Holzschnitt von 1521.

Der Hafen gegen Ende des 15. Jahrhunderts in der Blütezeit der Hanse.

richtet **1061 ihr gegenüber in der Alsterschleife die «Neue Burg» mit Hafen und Kaianlage**. Ihren Sinn erfüllen, in Gebrauch genommen werden kann die Anlage allerdings nicht. Das verhindern 1066 und 1072 die Überfälle der Slawen. Herzog Magnus, der letzte Billung, zieht sich schließlich gänzlich aus Hamburg zurück. Gräfliche Vasallen verwalten die entvölkerte Neue Burg.

Im Jahr 1111 werden **die Schauenburger** mit den Grafschaften Holstein und Stormarn belehnt und beginnen, die Neue Burg wieder zu beleben. Zielstrebig nutzen sie die wirtschaftlichen Möglichkeiten, die das neugewonnene Hinterland bietet, und siedeln im Süden der erzbischöflichen Altstadt Fernhändler an. **1188 entsteht unter Graf Adolf III. von Schauenburg auf dem Gebiet der Neuen Burg die Neustadt** mit der Kirche St. Nikolai, eine Hafenstadt, deren Zoll-, Handels- und Schiffahrtsprivilegien auf der Niederelbe Kaiser Friedrich Barbarossa 1189 bestätigt.

Von 1201 bis 1227 gerät Hamburg unter dänische Herrschaft. Während des Krieges mit dem Welfenkönig Otto IV. hungern die Dänen die Stadt im Winter 1215/16 regelrecht aus. Unter dem von ihnen als Statthalter eingesetzten Albrecht von Orlamünde **wachsen Alt- und Neustadt 1216 zu einer etwa 1 500 Einwohner zählenden einzigen Stadt zusammen**: Mit einem einzigen Rathaus und einer einzigen Gerichtsstätte. Die getrennten Märkte in Alt- und Neustadt werden aber beibehalten im vereinten Hamburg, das **von den Dänen um 1220 das Stadtrecht** erhält. 1225 unterwirft sich Hamburg Graf Adolf IV. von Schauenburg und unterstützt ihn im Kampf gegen die Dänen, die 1227 bei Bornhöved endgültig besiegt werden.

Schon beim Zusammenschluß von Alt- und Neustadt beginnt die Entfaltung der bürgerlichen Kräfte Hamburgs. Durch die **Alsteraufstauung am Reesendamm** (Jungfernstieg) um 1230 entstehen auf dem Vorfeld der neuen Hafenstadt neue Flächen zur Besiedlung. Zur Erschließung dieser Flächen gehört auch das Maria-Magdalenen-Kloster der Franziskaner und das 1235 erbaute St.-Johannis-Kloster der Dominikaner, für das der Graf den Standort der alten Alsterburg als Bauplatz zur Verfügung stellt. In der Altstadt wachsen auf den eingedeichten Inseln im Süden um St. Katharinen, im Osten um St. Jacobi herum neue Viertel, in denen sich Kaufleute, Handwerker und Fuhrleute ansiedeln.

Während der französischen Okkupationszeit wurden alle Kirchen, mit Ausnahme von St. Michaelis, als Pferdeställe und Waffenlager benutzt, hier St. Petri.

Das Brooktor und die Elbbrücke während der Belagerung durch die Franzosen 1813/14 (kolorierte Lithographie).

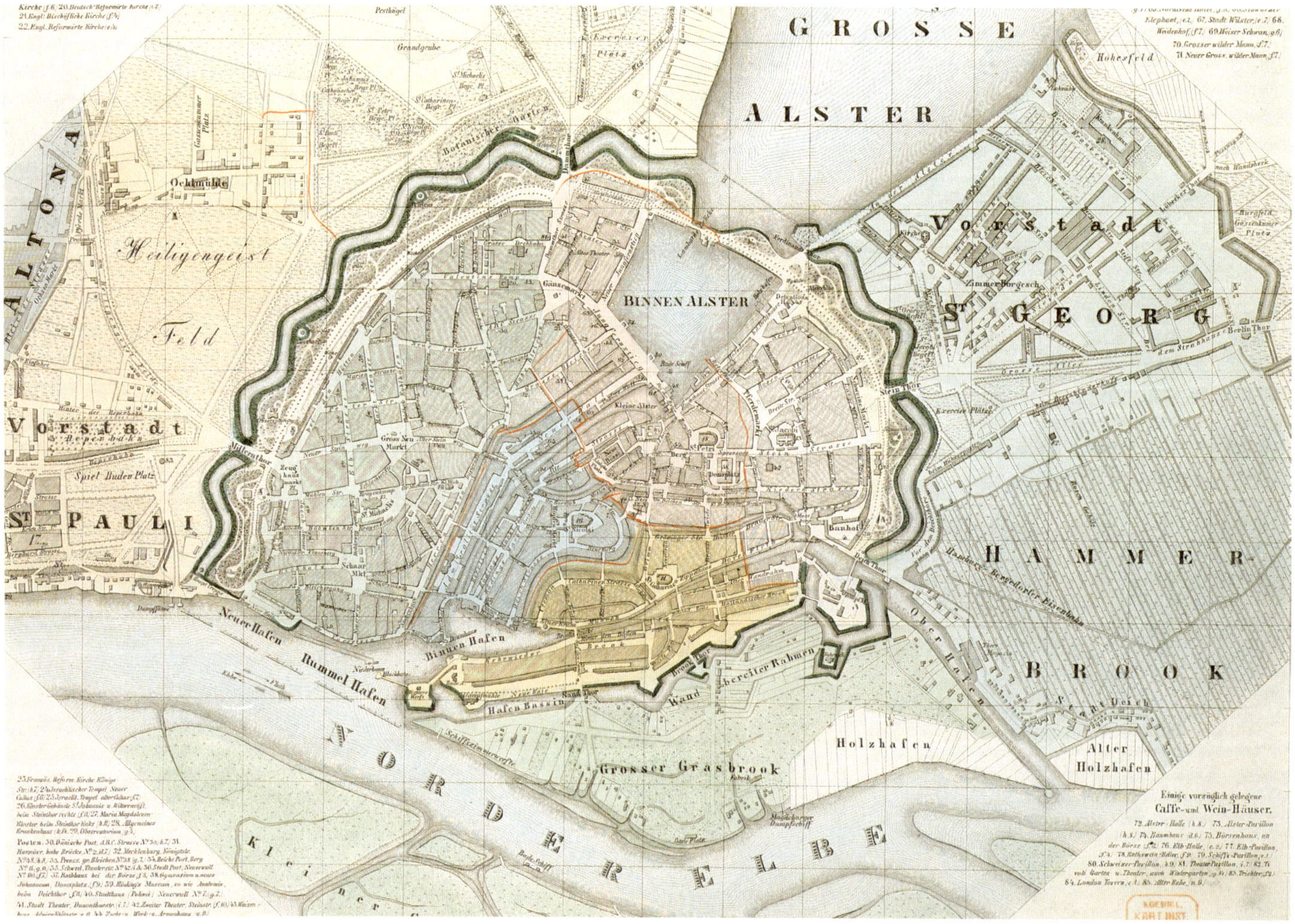

Hamburg vor und nach dem Brand von 1842. Die Markierung zeigt die vom Feuer betroffenen Stadtteile.

Fahrende Händlerinnen und Händler, die «Hamburger Ausrufer», gehörten zu Beginn des 19. Jahrhunderts zum Stadtbild; hier eine Fischverkäuferin auf einem kolorierten Kupferstich von 1806.

Zugleich entwickelt sich eine umfangreiche Selbstverwaltung, **und die Stadt erobert im hansischen Ost-West-Handel eine bedeutende Stellung**. Mit dem Anwachsen Hamburgs wächst auch die Verwaltung. Grundbesitz und kaufmännische Schuldenverhältnisse werden in Akten beim Rat festgehalten. Beim Handel mit Lübeck, der immer umfangreicher wird, gilt für Kaufleute beider Städte die Garantie gleichen Rechtsschutzes und gleicher Sicherheit der Handelsware in Lübeck und in Hamburg.

1284 vernichtet ein Flächenbrand die Stadt fast vollständig. Dem Brand fällt auch das erste, 1220 erbaute gemeinsame Rathaus zum Opfer. 1290 entsteht an der Nahtstelle zwischen Alt- und Neustadt erneut ein gemeinsames Rathaus für die Stadt, die durch Verträge mit anderen Städten für die **Sicherung der Handelswege und der Seewege** – etwa durch Bojen, Tonnen, Baken und «Priggen» (auf dem Kopf stehende Strauchbesen) – sorgt. Besonderen Ruhm erringt die Stadt im Kampf gegen die Seeräuber, über die der Rat aufgrund eines Privilegs Karls des IV. ab 1359 richten darf. Endgültig gebannt ist die Gefährdung durch Seeräuber allerdings erst 1525 mit der Festnahme des Piraten Klaus Kniphof.

Im 14. Jahrhundert beginnt die Exportbrauerei zu florieren, was Hamburg den Ruf als «Brauhaus» der Hanse einträgt. Am Ende des Mittelalters hat die Stadt zwischen 12 000 und 14 000 Einwohner und gehört zu den wichtigsten Zentren der Hanse. **1510 erklärt der Reichstag zu Augsburg Hamburg zur Reichsstadt.**

Nach der Reformation ordnet Johannes Bugenhagen das Kirchen- und Schulwesen in der Hansestadt. 1529 wird die Kirchenordnung abgeschlossen, und der **«Lange Rezeß»** legt in 132 Artikeln die Vereinbarung zwischen Rat und Bürgerschaft nieder.

Seit Anfang des 16. Jahrhunderts sind England, Portugal, Spanien, die Niederlande und alle Häfen des Mittelmeers Ziel der Hamburger Schiffe. **1558 wird die Börse gegründet** (die erste in Deutschland), **und die schon im Mittelalter entstandenen Gesellschaften oder Zusammenschlüsse der Flandern-, England-, Schonen- und Bergenfahrer schließen sich im Gemeinen Kaufmann** (De menen Kopman) **zusammen.**

Im 16. Jahrhundert kommen Flüchtlinge in die Stadt. **Die merchant adventurers verlegen ihren Tuchstapel nach**

Ein Großteil der Stadt fiel beim Brand 1842 in Schutt und Asche.

Bilder aus dem Leben der Hamburger Arbeiter um 1900. Eine Konfirmationsfeier in «Kruses Hof» (links), eine Kneipe im Arbeiterviertel Barmbek (rechts).

Ein Hinterhof in der Altonaer Steinstraße, die seit dem Zweiten Weltkrieg nicht mehr existiert (Foto um 1905).

Hamburg, das ihnen besondere Privilegien einräumt. Mit ihren Kenntnissen und Fertigkeiten, die in Hamburg bisher unbekannt waren, tragen die Flüchtlinge erheblich zum Wohlstand der Stadt bei. **Besonders der Tuchhandel blüht.**
Um 1600 gründet Hamburg ein Waisenhaus, ein akademisches Gymnasium und die Hamburger Bank. Die erste Zeitung wird herausgegeben. Durch den **Wall**, den **Johan von Valckenburgh**, ein niederländischer Ingenieur, zwischen 1616 und 1625 **mit St. Nikolai als Mittelpunkt** errichtet, bleibt Hamburg von den Verwüstungen des Dreißigjährigen Krieges verschont. 1665 wird die Commerzdeputation, 1677 das erste deutsche Kaffeehaus in Hamburg und 1678 die Oper am Gänsemarkt eröffnet.
Das 18. Jahrhundert, an dessen Ende Hamburg mehr als 100 000 Einwohner hat, bringt die **Gründung der hamburgischen Gesellschaft zur Beförderung der Künste und nützlichen Gewerbe, später Patriotische Gesellschaft genannt**, und vor allem den **Rezeß von 1712**, der bis 1860 die Grundlage der hamburgischen Verfassung ist.
1712 bricht in der Stadt die Pest aus, wobei von den 70 000 Einwohnern 10 000 sterben. 1788 ruft die «Patriotische Gesellschaft» **eine allgemeine Versorgungsanstalt** ins Leben, was auch notwendig ist, denn Hamburg erlebt **eine Zeit großen sozialen Elends**. Die Wirtschaftslage ist schlecht, seit 1763 verfallen die Werte, vor allem die Immobilien, und 1771 suchen **verschiedene Naturkatastrophen** die Stadt heim: eine Sommerflut, Deichbrüche und eine Schneekatastrophe. Wie 1786 festgestellt wird, besitzen von rund 100 000 Einwohnern 7 391 weniger als das Existenzminimum von «einem halben Taler pro Woche».
Die **«Franzosenzeit»** Hamburgs, dessen Wirtschaft unter der Kontinentalsperre sehr gelitten hat, beginnt 1806. **Die Stadt nimmt 1807 den Code Napoléon an und wird 1810 Teil des französischen Kaiserreichs.** Im März marschieren Teile der russischen Armee in Hamburg ein. Zwei Monate später wird die Stadt wieder von den Franzosen erobert. 1814 wird Hamburg von den gegen Napoleon Verbündeten belagert. Die Franzosenzeit endet erst am 30. Mai 1814, als Ludwig XVIII. seine Truppen zurückbeordert.
1815 tritt Hamburg als Freie und Hansestadt dem Deutschen Bund bei, nicht aber dem Zollverein.
1842 verheert der Große Brand die Innenstadt. Das Feuer, das in der Nacht

Bis 1890 fuhr die »Basson'sche Omnibus-Actien-Gesellschaft« mit ihren zweistöckigen Bussen auf der Strecke Altona–Hamburg–Hohenfelde.

zum 5. Mai 1842 ausbricht, legt nach und nach die Hälfte der reichen Stadt in Asche und macht eine große Anzahl von Familien obdachlos.
Nach dem Brand muß die Stadt neu aufgebaut werden, was die Möglichkeit einer Modernisierung bietet. Nach den Plänen des Architekten Alexis de Chateauneuf entstehen so unter anderem die Alte Post, die Alsterarkaden und die Rekonstruktion der St.-Petri-Kirche.
Ab 1844 fährt die Altona-Kiel-Eisenbahn, 1845 werden Dockhäfen am Grasbrook geplant. **Die Hamburg-Americanische Packetfahrt-Actiengesellschaft (HAPAG) wird gegründet.** Ihre Schiffe fahren ab 1856 regelmäßig in die USA. **1860 nimmt Hamburg eine neue Verfassung an und tritt 1867 dem vom Königreich Preußen beherrschten Norddeutschen Bund bei.**
1879 wird in Hamburg die **Reichsverfassung** eingeführt. Dem Deutschen Reich, Preußen und auch Bismarck mißfällt es schon lange, daß das ganze Gebiet Hamburgs – noch immer – Freihandelszone ist. Ein so großes zollfreies Gebiet innerhalb des Reichs scheint ihnen undenkbar. Lange Verhandlungen zwischen Bismarck und den Hamburger Kaufleuten, Reedern und dem Senat führen dazu, daß **Hamburg 1881 dem Zollverein beitritt und von 1881 bis 1888 einen Hafen, den heutigen Freihafen, innerhalb der Stadt ausbaut.** 1888 vollzieht sich der Zollanschluß Hamburgs an das Deutsche Reich.
Im letzten Jahrzehnt vor der Jahrhundertwende werden die Deutsche Ostafrika-Linie und die Deutsche Kolonialgesellschaft gegründet.
Im August **1892** bricht eine **Choleraepidemie** aus. 16 596 Menschen erkranken, 8605 sterben an der Seuche. Der Wirtschaft entstehen Verluste in Millionenhöhe. Der Warenumschlag im Hafen sinkt um ein Drittel. Der Bahnverkehr mit Köln, Wien, Prag und Kopenhagen wird eingestellt, und Auswandererschiffe dürfen nicht auslaufen. Die Epidemie grassiert vor allem in den Gängevierteln der Kirchspiele St. Michaelis und St. Jacobi. Dort hausen die Menschen noch immer zusammengepfercht in Kellern, die bei jedem Hochwasser überschwemmt werden. Und Hamburg hat, anders als Altona, kein sauberes, kein gefiltertes Trinkwasser.
1891 beginnt man zwar mit dem Bau eines zentralen Filtrierwerks. Es ist aber im Cholerasommer noch nicht fertig. Und erst im Jahr **1898** kann der Senat ein

Ein Milchmann beim Reinigen seiner Kannen und Eimer (Foto um 1900).

Eine der großbürgerlichen Familien Hamburgs, die Ohlendorffs, vor ihrer palaisartigen Villa (Foto um 1875/80).

Stets brennend aktuelle Informationen zu Theater, Varieté, Sonderangeboten bot die Erfindung der Litfaßsäule (Foto 1903).

Wohnpflegegesetz verabschieden, das die Beseitigung der Elendsquartiere möglich macht.
1913 hat Hamburg schon mehr als eine Million Einwohner. **Im Juni läuft der Dampfer «Imperator» vom Stapel,** ein Ozeanriese von 276 Metern Länge und mit 52 117 Bruttoregistertonnen. Er ist eins von drei Schiffen der Imperatorklasse der HAPAG. Der Erste Weltkrieg bricht aus, ehe der letzte Dampfer dieser Klasse fertig wurde.
Am 6. November 1918 besetzen Einheiten der meuternden Kieler Matrosen in Hamburg den Hauptbahnhof, den Elbtunnel, die Kasernen, das Gewerkschaftshaus und die Torpedoboote im Hafen. Ein Arbeiter- und Soldatenrat entmachtet Senat und Bürgerschaft, setzt sie aber für rein administrative Aufgaben wieder ein. **Am 18. November verkündet der Arbeiter- und Soldatenrat für die Stadt Hamburg das allgemeine, gleiche, geheime und direkte Wahlrecht** für Männer und Frauen mit einer Altersgrenze von 20 Jahren nach dem Grundsatz der Verhältniswahl. Bei der Neuwahl zur Bürgerschaft am 16. März 1919 erringt die SPD die absolute Mehrheit. Zwei Tage nach der Wahl gibt der Arbeiter- und Soldatenrat die politische Macht an das gewählte Parlament zurück. Infolge der schlechten Versorgung mit Lebensmitteln kommt es zu Unruhen, die im Juni zu einem regelrechten Volksaufstand ausarten, als in einer Fleischerei verdorbene Sülze entdeckt wird. Der Senat erbittet von der Reichswehr militärischen Schutz, den das Freikorps des Generals Lettow-Vorbeck übernimmt. Aus Angehörigen des Freikorps rekrutiert sich im September Hamburgs neue Ordnungspolizei.
Tote und Verwundete gibt es **1923** bei **dem vom Hamburger Kommunistenführer Ernst Thälmann organisierten Putsch**, den die Polizei in schweren Kämpfen niederschlägt.
Gefahr für die demokratische Freiheit kommt auch vom politisch rechten Flügel. 1928 ziehen die ersten drei Abgeordneten der Nationalsozialisten in die Bürgerschaft ein. 1932 sind sie die stärkste Fraktion. Hamburg hat damals bei 1 190 000 Einwohnern rund 164 000 Arbeitslose. Im Mai 1933 ernennt Hitler Karl Kaufmann zum Reichsstatthalter Hamburgs, Parteien und Gewerkschaften werden aufgelöst, politische Gegner in die neugeschaffenen Konzentrationslager Neuengamme und Fuhlsbüttel verschleppt. Die Presse wird «gleichge-

Ein Großteil Hamburgs wurde im Zweiten Weltkrieg stark zerbombt, die Nikolaikirche (links, Foto 1943), der «Michel» (rechts, Foto 1947).

schaltet». Im Oktober 1933 wird auch die Bürgerschaft aufgelöst, 1936 der Senat entmachtet.
Mit dem **Groß-Hamburg-Gesetz** wird 1937 eine Frage geregelt, die lange offen war. **Nach diesem Gesetz tritt Preußen eine Reihe von Gebieten an Hamburg ab, darunter Harburg-Wilhelmsburg und die längst mit Hamburg zusammengewachsenen Städte Altona und Wandsbek.** Hamburg seinerseits gibt Gebiete an Preußen ab, behält aber weiterhin die Verwaltung des Hafens Cuxhaven. Damit hat sich die Fläche **der Hansestadt Hamburg, wie sie nach Streichung des Zusatzes «Freie» ab 1933 heißt,** von 41500 Hektar auf 74700 Hektar vergrößert, die Einwohnerzahl ist von 1190000 auf 1680000 gestiegen. Hamburg hat nun endlich die Möglichkeit, den Hafen modernen Erfordernissen anzupassen.
Viel Zeit für die Anpassung bleibt der Stadt freilich nicht. 1939 beginnt der Zweite Weltkrieg, und 1943 bricht über Hamburg eine Katastrophe ungeahnten Ausmaßes herein. **Vom 24. bis 26. Juli setzen britische und amerikanische Bomber die Stadt in Brand.** Mehr als die Hälfte der Stadt ist ein Trümmerfeld, etwa 45000 bis 55000 Menschen (die Zahlen schwanken) fallen den Luftangriffen zum Opfer.
Am 3. Mai 1945 kapituliert Hamburg. Die siebte britische Panzerdivision besetzt die Stadt. Die erste Bürgerschaft nach dem Krieg, die von der Militärregierung eingesetzt wird, arbeitet eine vorläufige Verfassung aus und erläßt ein Wahlgesetz, nach dem am **13. Oktober 1946 die ersten freien Wahlen seit 1932** stattfinden. Gewählt wird nach dem von der Militärregierung vorgeschriebenen Mehrheitswahlrecht.
Die SPD gewinnt die Wahl, und unter ihr wird **Max Brauer**, der von 1924 bis 1933 Oberbürgermeister von Altona war, zum ersten Nachkriegsbürgermeister der Hansestadt.
1949 ändert die Bürgerschaft das Wahlrecht. Sie erhöht die Zahl der Abgeordneten auf 120. Auch bei dieser Wahl erringt die SPD die Mehrheit. Max Brauer wird als Erster Bürgermeister wiedergewählt. Die von dieser Bürgerschaft beschlossene **Verfassung der Freien und Hansestadt Hamburg vom 6. Juni 1952 ist bis heute gültig**. Max Brauer tritt 1960 von seinem Amt zurück. In seine elfjährige Amtszeit fällt die entscheidende erste Phase des Wiederaufbaus Hamburgs.

Der Holländische Brook war eine der Straßen, die dem Bau der Speicherstadt zum Opfer fielen (Foto 1883).

Blick vom Alsterdamm (heute Ballindamm) auf die Binnenalster und den Jungfernstieg auf einem Foto um 1903.

PORTRÄT

Hanse- und Kaufmannsstadt.
Seit dem Mittelalter gilt Hamburg als wichtiges Handelszentrum im Norden Deutschlands. Der in Jahrhunderten gewachsene solide Wohlstand bestimmt das Gesicht der Stadt.
Seite 21

Kunst und Kommerz.
Die Hanseaten – ihres kaufmännischen Geschicks wegen oft als «Pfeffersäcke» verschrien – zeichnet seit jeher eine große Liebe zur Kunst aus, die sich in der lebendigen Kulturszene der Stadt widerspiegelt.
Seite 34

Vor den Toren der Stadt.
Seit Ende des 17. Jahrhunderts zog es das hanseatische Großbürgertum hinaus aufs Land. Davon zeugen noch heute die prachtvollen Villen und herrschaftlichen Etagenhäuser an den Ufern von Elbe und Alster.
Seite 40

Es lebe die «Szene».
Pilgerte die Schickeria gestern noch nach Eppendorf und Pöseldorf, strömt sie heute schon nach Ottensen und St. Pauli. Der Zeitgeist hat in den einzelnen Stadtteilen seine Spuren hinterlassen.
Seite 53

Hanse- und Kaufmannsstadt

Es gibt Städte, die man sich mühsam erobern muß. Sie geben sich geheimnisvoll und erschließen sich – ein wenig kokett – erst auf den zweiten Blick. Hamburg ist eine Stadt, die hält, was sie auf den ersten Blick verspricht. Der Wind, an den sich mancher vielleicht gewöhnen muß, bläst durch weit geöffnete Straßenzüge. Da ist nichts krumm oder ein wenig schlampig. Man fragt sich kaum, was wohl hinter der nächsten Ecke stecken könnte. Hamburg ist ein Ort der Übersichtlichkeit, der Aus- und Durchblicke.

Viel zu oft und zu emphatisch wird der Vergleich mit Venedig strapaziert – er tut beiden Unrecht. Mag die Elbestadt sogar mehr Brücken zählen als das filigrane Wunder an der Lagune (2655 sind es insgesamt) – aus den Fleeten im Norden steigt kein südländischer Zauber. An den Wasserrändern zerbröckeln keine morbiden Paläste. Auf Hamburgs Kanäle in den feinen Wohnbezirken laufen kleine Gärten zu, ein wenig verwunschen, manchmal mit einem Boot am Steg. Sie sind der rote Teppich für städtische Villen in allen Variationen und für herrschaftliche Etagenhäuser der Jahrhundertwende, bestens gepflegt, ausgebaut in den letzten Jahren vom Souterrain bis zum gläsernen Maisonette-Appartement. Auch längs der Fleete kaum eine unerwartete Krümmung, das graue Wasser zieht den Blick weit fort. Der Flaneur wird selten eingeengt. Hamburg ist eine Stadt, die Platz hat und deshalb stets ein wenig auf Distanz halten kann. Die städtischen Schnittstellen geben den Blick frei auf eine breite Kulisse. Einer dieser typischen Aussichts- und Ruhepunkte ist die Lombardsbrücke, die das strenge Becken der Binnenalster von dem breiten See der Außenalster trennt.

Der solide Wohlstand, den der Ausblick an der Lombardsbrücke suggeriert, ist tatsächlich vorhanden. Hamburg ist eine der reichsten Regionen Europas, hier liegen die Gehälter über dem Durchschnitt. Nur wenige Minuten dauert der Spaziergang von der Lombardsbrücke zur Mönckebergstraße, eine Einkaufsmeile, die wohl einmalig ist in Deutschlands Städten. Massive Kaufhäuser säumen die 29 Meter breite Einkaufspiste, die 1908 zusammen mit der parallelen Spitaler Straße entschlossen zum Bahnhof durchgeschlagen wurde und der damals viele altersgebeugte Häuser und dicht bewohnte Hinterhöfe der Altstadt weichen

Ein Wahrzeichen städtischer Unabhängigkeit: Das Hamburger Rathaus wurde 1886 bis 1897 im Stil der Neorenaissance erbaut.

Der Rathausmarkt wurde von 1980 bis 1982 neu gestaltet.

Die Hamburger Wertpapierbörse. Während der Handelsstunden haben Besucher die Möglichkeit, von der Galerie aus das Geschehen zu beobachten.

Die «Mitteilungen des Senats an die Bürgerschaft» wurden schon im Jahr 1859 als Schriftstücke für den Rathausgebrauch gedruckt.

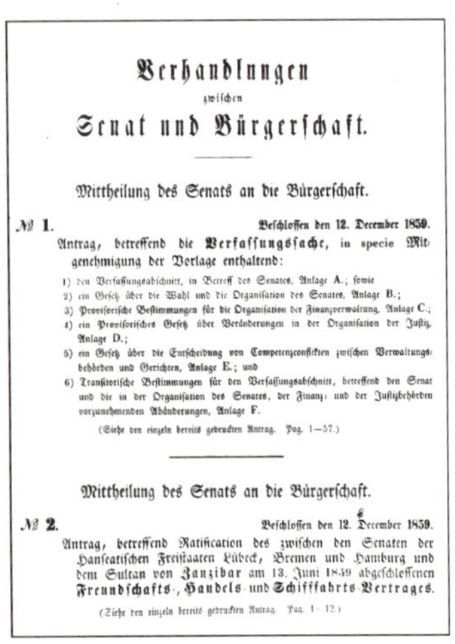

Verhandlungen
zwischen
Senat und Bürgerschaft.

Mittheilung des Senats an die Bürgerschaft.

№ 1. Beschlossen den 12. December 1859.

Antrag, betreffend die **Verfassungssache**, in specie Mitgenehmigung der Vorlage enthaltend:

1) den Verfassungsabschnitt, in Betreff des Senates, Anlage A.; sowie
2) ein Gesetz über die Wahl und die Organisation des Senates, Anlage B.;
3) Provisorische Bestimmungen für die Organisation der Finanzverwaltung, Anlage C.;
4) ein Provisorisches Gesetz über Veränderungen in der Organisation der Justiz, Anlage D.;
5) ein Gesetz über die Entscheidung von Competenzconflicten zwischen Verwaltungsbehörden und Gerichten, Anlage E.; und
6) Transitorische Bestimmungen für den Verfassungsabschnitt, betreffend den Senat und die in der Organisation des Senates, der Finanz- und der Justizbehörden vorzunehmenden Abänderungen, Anlage F.

(Siehe den einzeln bereits gedruckten Antrag. Pag. 1—57.)

Mittheilung des Senats an die Bürgerschaft.

№ 2. Beschlossen den 12. December 1859.

Antrag, betreffend Ratification des zwischen den Senaten der Hanseatischen Freistaaten Lübeck, Bremen und Hamburg und dem Sultan von **Zanzibar** am 13. Juni 1859 abgeschlossenen **Freundschafts-, Handels- und Schifffahrts-Vertrages.**

(Siehe den einzeln bereits gedruckten Antrag. Pag. 1—12.)

mußten. Der Schriftsteller Giorgio Manganelli, in Mailand geboren, ein Römer aus Überzeugung, hat in den Geschäften, in der lebensnotwendigen, unbeschränkten Welt der Waren Hamburgs größte Leidenschaft gesehen: «Wenn Kaufen die achte Hauptsünde ist, ist dies ihr ergötzliches Inferno. [...] In diesen Geschäften hat man das seltene und berauschende Gefühl, daß die Welt durch eine kürzliche Absprache mit dem Schöpfer zum Verkauf steht und daß man hier heute in der Mönckebergstraße in Hamburg mit dem Verkauf des Kleinkrams beginnt. [...] Wenn es eine Hamburger Ideologie gibt, so ist es, glaube ich, die: Das Universum steht zum Verkauf, und alles in allem ist es ein Angebot, das man sich nicht entgehen lassen sollte. Wenn es stimmt, daß die Welt beschlossen hat, sich auf den freien Markt zu begeben, dann ist, würde ich sagen, Hamburg dafür der geeignete Ort.» Das Lob des Südländers für die Metropole des Nordens: «Meiner Ansicht nach findet man in seinem Leben nicht leicht eine Stadt, die so voll und ganz und zuinnerst Stadt und nichts als Stadt ist.»
Das ist der Kern, zweifellos. Und Hamburg ist so kongenial Stadt, weil das Bild, das es bietet, die beeindruckende Gesamtheit der Häuser und Straßenzüge in der City, kaum älter als 150 Jahre ist. Ob Jungfernstieg oder Binnenalster, ob Rathaus oder Gänsemarkt – alles wurde neu geplant und ausgeführt nach dem verheerenden Brand von 1842, als 310 Hektar Bausubstanz im Zentrum, darunter fast alle öffentlichen Gebäude, vernichtet und ein Viertel der Bevölkerung obdachlos wurden.
Nichts als Stadt? Ohne Manganellis treffendes literarisches Urteil mindern zu wollen, drängt sich eine Frage auf: Wäre – wenn dies die erschöpfende Auskunft ist – Hamburg nichts weiter als ein steinernes Warenparadies? Lohnte kein weiteres Hinschauen? Das ist denn doch die falsche Alternative, verengt den Ausblick auf die Stadt an Alster und Elbe zu sehr. Versucht man, Hamburg gut hanseatisch – das heißt ordentlich – auf den Punkt zu bringen, nimmt sich Zeit und blickt über den Kern der City hinaus, dann ist dieser weitläufige Stadtstaat gar nicht so stromlinienförmig, sondern fächert sich dreifach auf: Neben der Kaufmannsstadt präsentiert sich selbstbewußt Hamburg-Land, das bäuerliche Umfeld im Süden und Südosten. Und von Ost nach West gruppiert sich um das Zentrum im weiten Bogen jenes Hamburg, wo die Ham-

burger nach Feierabend zu Hause sind. Keineswegs öde Vorstädte, sondern lebendige, höchst eigenständige, urbane Satelliten, in denen sich dörfliches Gemeinschaftsgefühl mit städtischem Flair mischt. Wo nicht mehr der strenge Backstein der Kontore dominiert, sondern üppiger, phantasievoller Zementstuck. Wo am Abend aus den hohen Fenstern der Altbauetagen warmes Licht großzügige Nähe verströmt. Wo die Hamburger Szene sich ein Stelldichein gibt. Eppendorf und Winterhude, Uhlenhorst und Eimsbüttel, Ottensen und noch manch anderer Stadtteil wurden zu Inseln, wo Hanseaten sich mit Begeisterung dem jeweiligen Zeitgeist hingeben – und das seit über 200 Jahren.
Der Blick von der Lombardsbrücke erfaßt zur Linken unweigerlich auch den Ballindamm. Albert Ballin wurde nach einer steilen Karriere 1899 mit 42 Jahren Generaldirektor der HAPAG (Hamburg-Amerika-Linie) und machte aus ihr in kürzester Zeit die größte und angesehenste Reederei der Welt mit über 170 Schiffen. Wer auf sich hielt, kreuzte im Luxus eines HAPAG-Schiffes zwischen den Kontinenten. Ballins Vater hatte Auswanderer nach Übersee vermittelt. Der Sohn, Weltbürger und patriotischer deutscher Jude, versuchte vor dem Ersten Weltkrieg vergeblich, durch seine exzellenten Beziehungen in Deutschland und England das Klima zwischen den beiden Ländern zu verbessern. Albert Ballin nahm sich am Tag des Waffenstillstands, im November 1918, das Leben.
Der erfolgreiche Generaldirektor der HAPAG war zugleich Aufsichtsrat bei der DOAL (Deutsche Ost-Afrika Linie) und schrieb 1911 im Nachruf auf den Gründer dieser Reederei: «... der größte Hanseat ist tot». Gemeint war Adolph Woermann, Pionier und König des deutschen Afrikahandels, der 1892 von Hamburg aus die ersten Linienschiffe ums südafrikanische Kap schickte. Eine Woermann-Entdeckung kann man in der Großen Reichenstraße 27, nur wenige Minuten südlich vom Pressehaus parallel zur Ost-West-Straße, machen: «Afrikahaus» steht mit goldenen Lettern über dem Torbogen. Hier befanden sich seit 1899 die Kontore der Woermanns, durch ihre afrikanische Ausstattung ein eher exotischer als hanseatischer Arbeitsplatz.
Ursprünglich hatten die Kaufleute neben dem Warenhandel ein paar Schiffe laufen. Eine Hamburger Familie, die Slomans, erkannte um die Mitte des 19. Jahrhunderts, daß man die Schiffahrt

Die große Eingangshalle des Rathauses mit ihrem breiten Gewölbe ist ein idealer Ort für Ausstellungen zur Hamburger Stadtgeschichte.

Das erste Foto einer Sitzung der Hamburger Bürgerschaft im Jahr 1871 im Saal des alten Rathauses.

Unter der Mitwirkung von Hamburgs berühmtem Baudirektor Fritz Schumacher wurde die Mönckebergstraße gestaltet (unten). Er ließ an der Ecke Spitaler/Mönckebergstraße ein Tempelchen im dorischen Stil errichten (oben).

zum Hauptberuf machen konnte, und hatte noch vor dem Aufstieg der HAPAG weltweit die Nase vorn. Das führt uns von der Binnenalster südwärts zur Elbe an einen weiteren Aussichtspunkt, wo der Wind kräftig über Fleete und Straßen weht und das Auge schweifen kann.

Am Spitzpunkt des Dreiecks Beim Alten Waisenhause blähen an der Front des hellblauen Stellahauses Schiffe in blütenweißem Stuck ihre Segel. An der Ecke zum Baumwall erstreckt sich in weitem Bogen das Slomanhaus, ein typisches Hamburger Kontorgebäude aus hellrotem Klinker. Es war die traditionsreiche Reederei Sloman, die 1908 diesen Bau in Auftrag gab. In den zwanziger Jahren erweiterte ihn der Hamburger Architekt Fritz Höger, und Henry B. Sloman finanzierte zudem einen Höger-Komplex, der am Burchardplatz wie ein riesiges Klinkerschiff die Straßen pflügt – das Chilehaus. Damals verdienten die Slomans ihr Geld längst im chilenischen Salpeterhandel. Zwei Generationen zuvor hatten sie die erste moderne Schiffahrtsgesellschaft aufgebaut. (Es soll nicht verschwiegen werden: In harter Konkurrenz zur überaus erfolgreichen Kaufmannsfamilie Godeffroy, die zu Hamburg gehört wie der «Michel».)

Zurück zum leuchtenden Blau des Stellahauses und dem weiten Platz am Fluß, den nur die eiserne Trasse der Hochbahn verstellt. Unter ihr hindurch erblickt man einen breiten Komplex, ein wenig abgerückt jenseits des Wassers, das sich von hier nur ahnen läßt. Die rote Klinkerwand ist von grünen Türmchen, Hauben und Erkern bekrönt und durchsetzt. Da wirkt das Ganze tatsächlich etwas rätselhaft, wie eine verbotene Stadt. Wer jenseits der Trasse die Uferstraße nimmt, sieht, daß nur wenige Brücken über den dunklen, breiten Kanal führen. Es war im Jahr 1889, da ertönte zum ersten Mal das Lied «Vom alten und neuen Hamburg»:

«In Speichern groß und voller Pracht
wälzt sich der Handel Tag und Nacht.»

Er wälzte sich seit knapp einem Jahr – in einem Umfang, auf einem Areal und zu Lagerbedingungen, wie es die Welt noch nie gesehen hatte. Bis heute ist das Ensemble von Hamburgs Speicherstadt unübertroffen in der Welt.

Und wieder muß eine Strophe vom alten Hamburger Lied erwähnt werden: Könnten wir nicht die Speicherstadt postmodern ummodeln, fragte sich der Zeitgeist noch vor wenigen Jahren, als die Hafeneinnahmen sanken. Auf den Zeichen-

Fortsetzung Seite 32

Begehrt bei sommerlichen Temperaturen: Ein Platz im «Arkaden-Café».

Die Alsterarkaden wurden nach dem Großen Brand von 1842 erbaut.

ZWISCHEN LABSKAUS, SPECK UND SCHOLLE

Wir wollen uns da nichts vormachen: Einen Ruf als Feinschmeckerstadt hat Hamburg nicht gerade zu verteidigen. Auswärtige Gäste sind deshalb auch nicht besonders scharf darauf, das zu probieren, was als «Original Hamburger Küche» gilt. Nach allem, was sie so gehört haben, graulen sie sich vielmehr vor so befremdlichen Sachen wie Aalsuppe oder Bohnen, Birnen und Speck.
Dabei ist es damit gar nicht so schlimm, denn:
Erstens essen auch die Hamburger weder bei sich zu Hause noch im Restaurant ständig Labskaus und Aalsuppe. Und Bohnen, Birnen und Speck höchstens mal Anfang August, wenn die richtigen kleinen Birnen auf dem Markt sind.
Zweitens sind nicht derlei Sonderbarkeiten (über deren Rezepturen sich die Hamburger untereinander schon nicht einigen können, doch davon später mehr) die Säulen der Hamburger Küche. Die ruht vielmehr auf ganz soliden Grundprodukten: auf Fisch (vorzugsweise aus den nahen Meeren), auf Fleisch (vorzugsweise vom Holsteiner Mastochsen), auf Obst aus dem Alten Land und Gemüse aus den Vier- und Marschlanden. Alles aus der nächsten Nachbarschaft also und kein bißchen exotisch.
Ja, aber ist Hamburg denn nicht das Tor zur Welt? Wo bleibt der internationale Einfluß? Wo ist die Weltoffenheit, mit der man Hamburg immer in Verbindung bringt? Gemach. In der Tat führt Hamburg das Tor zur Welt im Wappen – aber es ist ein geschlossenes Tor. In der Tat haben über den Hafen fremde Küchen Eingang in die Hansestadt gefunden – aber nur in Form von ausländischen Restaurants. Die Chinesen, Italiener, Türken haben keinen Einfluß auf die Hamburger Küche genommen. Auch französische Küchenkunst blieb vor der Küchentür: Gute Grundprodukte schätzt der Hamburger, aber sie müssen möglichst pur auf den Teller kommen, nicht in raffinierter Zubereitung. Keine Fisimatenten bitte. Denn das wäre ja irgendwie unsolide, und Unsolidität ist in Hamburg höchst suspekt, gilt nach den sieben Todsünden sozusagen als die achte.
Diesen fast puritanischen Respekt vor dem Grundstoff, den haben die Hamburger mit den Engländern gemeinsam; das Fleisch soll nach Fleisch schmecken und der Fisch nach Fisch und nicht nach irgendwelchen exotischen Gewürzen. Finkenwerder Ewerscholle zum Beispiel, das ist Scholle, ganz einfach in Speck gebraten. Dazu Salzkartoffeln und grüner Salat. Fertig. Oder Angeldorsch mit Senfsauce. Oder Steinbutt mit zerlassener Butter. Alles pur, alles mit dem Respekt vor dem Grundstoff.
Und dann die Steaks! Wenn man die richtige Adresse weiß: So ein Trumm von Steak vom Holsteiner Ochsen, englisch gebraten, da fühlt man mit dem Dichter Detlev von Liliencron, der vermutlich genau so ein Steak verspeist hatte, als er schrieb: «Am besten wird gegessen auf der Welt, in Hamburg, diesem edlen Beefsteakhorte ...»
Auch Heinrich Heine wird derartige Genüsse (und nicht Aalsuppe oder Labskaus) auf der Zunge gehabt haben, als er schwärmte: «Hamburg ist die beste Republik, seine Sitten sind englisch und sein Essen ist himmlisch ...»
Alles schön und gut, findet der Hamburg-Besucher und ist von der Qualität von Fisch und Fleisch gebührend beeindruckt, was aber hat es nun mit den weltbekannten kulinarischen Absonderlichkeiten der Hansestadt auf sich, gibt's hier denn nirgends mehr Labskaus wie früher auf dem Schiff bei den Matrosen?

Matjes mit grünen Bohnen und Pellkartoffeln, dazu Speckstibbe – ein typisches Hamburger Sommeressen. Am besten Ende Juni, Anfang Juli, wenn der jungfräuliche Matjeshering angelandet wird (oben).

Finkenwerder Ewerscholle, ein Klassiker in allen Fischlokalen am Hamburger Hafenrand und in Övelgönne. Dazu gibt's wahlweise Salzkartoffeln oder Kartoffelsalat – und grünen Salat mit süßer Sahne (unten)!

Na schön, kommen wir jetzt also mal zu den sogenannten Hamburger Nationalgerichten:
Labskaus zum Beispiel war ursprünglich ein reines Seefahrergericht. Es ging darum, das Pökelfleisch, das wegen seiner Haltbarkeit an Bord genommen wurde, einigermaßen genießbar zu machen. Fleisch, Kartoffeln, Zwiebeln wurden gekocht und in der Brühe zerkleinert, so daß ein rötlicher Brei entstand. Heute wird Labskaus als Delikatesse gerühmt und mit Spiegelei, roter Bete und Salzgurke serviert. Dazu kann ein Matjes oder ein Rollmops kommen – aber nur als Garnierung, nicht etwa durchgedreht mit an den Brei. Sagen die einen. An die rosafarbene Masse gehört auch durchgedrehter Hering. Sagen die anderen. Und dann gibt es noch die ganz Fortschrittlichen, die anstelle des Pökelfleisches einfach eine Dose Corned Beef nehmen ...
Ja, die Hamburger Traditionsgerichte. Aalsuppe zum Beispiel. Oder Bohnen, Birnen und Speck. Aber bevor wir die im einzelnen erklären, müssen wir nochmal einen allgemeinen Einschub machen. Einflüsse aus fremden Küchen haben die Hamburger Küche nicht erreicht, haben wir eingangs gesagt. Jedenfalls nicht von fernher über die Weltmeere. Einen Einfluß aber kann man nicht leugnen: den von Norden über Land. Die Rede ist vom Zuckertopf in der Küche, mit dem die Köchinnen im benachbarten Dänemark so gut wie alle Speisen würzen, auch die, die eigentlich gar nicht süß gemeint sind.
Womit wir wieder bei der Hamburger Aalsuppe sind. In der möglicherweise gar kein Aal schwimmt. Weil «alles» auf plattdeutsch «aal» ausgesprochen wird, und in der Suppe kochen schließlich alle Kräuter und Gemüse der sommerlichen Saison. Und auch der Schinkenknochen, der nach Johanni vom Spargelessen übrig war. Also, Gemüse und Kräuter ja, Aal nur vielleicht, auf jeden Fall aber gehören in die Hamburger Aalsuppe – auch wenn die Rezepte sonst noch so unterschiedlich sind – süße Backpflaumen!
Ähnlich verblüffend klingt die Kombination von Bohnen, Birnen und Speck, einem Eintopf, der nur im August zubereitet wird, wenn es die kleinen, steinharten und nicht besonders süßen Augustbirnen gibt. Daran kann sich auch ein süddeutscher Gaumen vielleicht gewöhnen – vorausgesetzt, es sind wirklich die richtigen Birnen und nicht eingemachte, süße Kompottbirnen (auch das hat's in sogenannten Althamburger Lokalen schon gegeben!). Nur schwer kann sich ein süddeutscher Gaumen dagegen an den grünen Salat gewöhnen, der in Hamburg traditionsgemäß mit süßer Sahne und Zitrone angemacht wird. («Kulturschande!» hat man da schon Münchner schimpfen hören.)

Labskaus, neben der Aalsuppe Hamburgs berühmteste Spezialität. Nie enden wollender Streitpunkt: Gehört durchgedrehter Hering an den Brei aus Pökelfleisch und Kartoffeln oder nicht (oben)?

Rote Grütze, gekocht aus frischen Beeren der Saison, dazu Milch oder flüssige Sahne oder Vanillesauce – das ist das schönste Sommerdessert (im Winter gibt's die Beeren dann als Rumtopf!); (Mitte).

Grünkohl mit Kasseler und Kohlwurst, manchmal auch noch mit Schweinebacke, auf jeden Fall aber mit kleinen gerösteten Kartoffeln, die ganz leicht in Zucker glasiert sind (unten).

Wo hat nun der Besucher von auswärts, neugierig geworden auf die Hamburger Küche, die größte Chance, diese Spezialitäten kennenzulernen? Hat er überhaupt eine Chance?
Die Küche von gestern ist – nicht nur in Hamburg – vor allem eine Familienküche. Was Großmutter besser kochen kann als jeder Restaurantkoch, das ißt man eben lieber bei Großmutter. Das beste wäre daher, wenn einen liebe Freunde oder Geschäftspartner zu sich nach Hause einladen. Aber das ist in Hamburg und bei den Hamburgern, die nicht gerade im Ruf stehen, Fremde mit offenen Armen zu empfangen, das ist, sagen wir es vorsichtig, eher unwahrscheinlich.
Vielleicht laden Ihre Hamburger Gastgeber Sie aber ins Restaurant ein. Nicht in eines, in dem Hamburger Wirte den Touristen das servieren, was mit Hamburger Traditionsgerichten nur noch den Namen gemeinsam hat (da soll Labskaus schon in der Blätterteigpastete auf den Tisch gekommen sein), sondern in eines der sogenannten Börsenlokale, wo Hamburger Geschäftsleute, vorzugsweise Im- und Export, mittags ihren *Business Lunch* nehmen und darauf achten, daß sowohl die Qualität als auch die Portion stimmt. («Man will ja etwas haben für sein Geld.») «Peter Lembcke» zum Beispiel, gleich neben dem Hotel Atlantic, ist so ein Börsenlokal, in dem man sich wie im Wohnzimmer einer hamburgischen Großmutter fühlt – Häkeldeckchen, Tüllgardinen –, und das Steak (Filetmittelstück nennt man das hier) hätte auch Detlev von Liliencron zu einem glücklichen Lächeln verholfen. Auch der Matjes vorweg, auch die Finkenwerder Scholle «stimmen». Und wenn Kohlroulade auf der Speisekarte steht, wollen manche Stammgäste angerufen werden, damit sie die nicht verpassen ...

Vielleicht haben Sie aber weniger mit Im- und Export als vielmehr mit Werbeagenturen oder Redaktionen zu tun – Hamburg hat sich schließlich zur deutschen Medienhauptstadt entwickelt –, dann werden Ihre Gastgeber Sie vielleicht in einen Keller führen, in dem es die besten Matjes der westlichen Hemisphäre gibt (so der lokale Sender Radio Hamburg). Das «Westminster» befindet sich im Souterrain des Slomanhauses, das ist eines der schönen alten Hamburger Kontorhäuser am Hafenrand, und neben Matjes gibt's hier auch Lachs und Krabbenbrot, alles pur, alles ohne Fisimatenten.
Ja, und wenn Sie nicht geschäftlich, sondern privat in Hamburg sind und gute Freunde Ihnen was Hamburgisches bieten wollen – dann werden sie vermutlich mit Ihnen aufs Land fahren. Nach Estebrügge im Alten Land zum Beispiel. Der «Estehof» ist ein sehenswertes Fachwerkhaus aus dem Jahr 1669, in dessen gemütlichen Wohnzimmern Lisa und Werner Miehe ihren Gästen eine saisonbezogene norddeutsche Küche bieten: im Winter Grünkohl, im Mai Scholle, im Juni Spargel, im Juli Matjes mit grünen Bohnen und Speckstibbe. Und hausgemachten Obstkuchen vom Blech – immer mit Früchten der Saison, hier, mitten im Herzen des Alten Landes, dem nördlichsten geschlossenen Obstanbaugebiet der Welt.
Und weil wir beim Obst sind: Das Allerbeste an der Hamburger Küche ist natürlich die berühmte Rote Grütze, gekocht aus verschiedenen Früchten, serviert mit Milch oder flüssiger Sahne. Die müssen Sie in jedem der hier genannten Restaurants probieren!

Metta Frank

Unsere Favoriten:

«Estehof», Jork-Estebrügge, Estebrügger Straße 87, Tel. 04162/275, durchgehend warme Küche von 11.00–19.00 Uhr, donnerstags geschlossen (oben).
Hamburgs beliebtestes Ausflugsziel, deshalb unbedingt reservieren. Norddeutsche Spezialitäten der Jahreszeit, auch Wild und Fisch und hausgemachter Kuchen. Im Sommer sitzt man unter Rotbuchen im Garten. Und falls Sie zufällig mit dem Boot kommen: Der Estehof hat einen eigenen Anlegesteg.

«Peter Lembcke», Holzdamm 49, Tel. 243290, 12.00–23.00 Uhr, sonntags geschlossen (links).
Der Eingeweihte bestellt hier nur die Spezialitäten der regionalen Küche: Aalsuppe, Matjesfilet, Labskaus – und immer wieder das legendäre Steak. Ein Sonderlob für das Kartoffelpüree, das von Mimi Sheraton, Restaurantkritikerin der New York Times, einst zum besten der Welt erklärt wurde.

«Westminster», Steinhöft 17, Tel. 371404, 12.00–23.00 Uhr, samstags und sonntags geschlossen.
Matjes (von der Wirtin nach einem Geheimrezept mariniert), Krabbenbrot, Lachs, Austern – mittags wechselnde Hauptgerichte. Am lustigsten ist es hier am frühen Abend, wenn sich Journalisten und Werbeleute aus den umliegenden Büros treffen.

1881 wurde das Lessing-Denkmal am Gänsemarkt errichtet.

Hamburg ist die Stadt Europas mit den meisten überdachten Ladenpassagen, die selbst bei starkem Regen den Einkaufsbummel zu einem ungetrübten Erlebnis werden lassen. Hier das «Hanse-Viertel» mit seinem gläsernen Tonnendach.

Weltoffen und elegant präsentiert sich die Millionenstadt mit ihren schicken Einkaufsgalerien und Kaufhäusern wie zum Beispiel dem Kaufmannshaus.

brettern der Architekturbüros verwandelten sich die Backsteinhäuser schon in schicke Lofts, Ateliers und Luxusappartements. Natürlich hätte man für diese neue Speicherstadt hier ein wenig ändern, dort ein wenig abreißen müssen. Aber die Quartiersleute waren mit ihrem Aufschrei der Empörung nicht allein. Die «Freie und Abrißstadt» Hamburg besann sich in letzter Sekunde eines Besseren und ließ alles beim alten.

Morgens um fünf Uhr ist die Stadt wie ausgestorben und die Versuchung groß, die breiten Straßen als Rennstrecke zu benutzen. An der Ausfallstraße zu den Elbbrücken krümmt sich eine riesige, dreifache Bugwelle aus Beton – der Hamburger Großmarkt. Denn eine Millionenstadt ist gefräßig, von den Schätzen in der Speicherstadt wird keiner satt. So kurven schon kurz nach Mitternacht die ersten Lastkraftwagen aus Belgien und Holland vor die Hallen. In Finkenwerder, in den Vier- und Marschlanden müssen um diese Zeit die Obstbauern und Blumenzüchter aus den Federn und sich auf den Weg machen.

Schon bald türmen sich in den Hallen die Knoblauchzöpfe und Zwiebelsäcke, die Kisten mit den Austernpilzen und Mini-Bananen, mit Orangen und Brokkoli. Die Einkäufer der Warenhäuser, die Einzelhändler treffen ihre Auswahl, und auf leisen Rädern rollen die Gabelstapler zum Abtransport herbei. Hoch oben in den Hallenpfeilern beginnt aufgeregtes Vogelgezwitscher. Noch ein Superlativ: Die eigenwillige Baukonstruktion unterhalb der Amsinckstraße ist Europas größte Markthalle. Das gesamte Gelände umfaßt gut eine Fläche von 26 Hektar, und allein für Obst und Gemüse werden hier jährlich über zwei Milliarden Mark umgesetzt, während die Stadt noch schläft. Der vielfarbige Blumengroßmarkt, Deutschlands größter, gehört auch dazu und bringt es auf über zwei Millionen Mark.

Spielt sich in den östlichen Hallen das Geschäft fast lautlos ab, so ist am westlichen Ende der Ost-West-Achse der Teufel los – jeden Sonntag ab fünf. Da geht es auf dem Fischmarkt von St. Pauli nicht ums Fischgeschäft. Da kämpfen rund 700 geschäftstüchtige, talentierte Marktschreier, Verkaufsoriginale aller Art, um die «Weltmeisterschaft». Ob Bananen, Topfblumen oder Aale: Jeder der zigtausend Besucher, die sich von Stand zu Stand drängeln, soll das Gefühl bekommen, hier seine allerletzte, beste Chance zu erhalten. Wer nicht zugreift, muß ein Dummkopf sein. Das ist Hamburg, fragt sich da mancher verwundert. So viel Temperament und Witz? So wenig vornehme Zurückhaltung? Solche kumpelhafte Direktheit?

Ach, die Klischees und Vorurteile. Ihr Kern enthält sicher ein solides Stück Wahrheit. Das Bild, das Hamburg auf den ersten Blick bietet, entspricht auch dem Temperament seiner Bewohner: eher spröde als ausgelassen, lieber mehr Distanz als zuviel Nähe, nur nicht aufdringlich wirken. Die Bürger haben hier seit Menschengedenken die Maßstäbe gesetzt: Kein Adliger durfte in Hamburg Grund und Boden oder die Bürgerrechte erwerben. Man war nie bei Hofe, mußte niemals seinen Kotau vor fürstlichen Launen machen. Was in Bayern selbstverständlich ist, bedeutet hier schlechte Manieren: Lieber wartet man im Restaurant geduldig am Tresen oder am Eingang, bevor man auf die Idee käme, sich zu Fremden an den Tisch zu setzen.

Trifft ein Neu-Hamburger auf gute und wohlwollende Informanten, dann führt einer der ersten Wege unweigerlich in jenes Geschäft unter den Alsterarkaden, wo man sich vor den altertümlichen Holztheken in die Oxford Street versetzt fühlt: Nur hier gibt es jenes typisch hanseatische Kleidungsstück, das inzwischen selbst die Champs-Elysées erobert hat, seit Generationen in jener Qualität, die seine Träger zu einer verschworenen Gemeinschaft macht – den Dufflecoat, handfeste Inkarnation des Understatements. Ein Blick auf das Etikett genügt unter Kennern. Zwar hat man damit die Eintrittskarte zur Hamburger Gesellschaft noch längst nicht errungen, ist diesem Ziel aber zumindest äußerlich ein Stück näher gerückt.

Die feinen hanseatischen Damen tragen zwar nicht mehr nur grauen Flanell oder blaue Twinsets, aber allzuviel Aufmerksamkeit aufgrund von Äußerlichkeiten zu erregen, ist immer noch verpönt. Und so schreibt das Lokalblatt unter der Sparte «Gesellschaft» nach dem 60. Geburtstag eines Hamburger Staatsrats: «Es war eine hanseatische Geburtstagsfeier: Gut einhundert dunkelblaue Anzüge mischten sich mit etwa derselben Zahl von schicken, aber dezenten Kostümen im Ratsweinkeller des Rathauses.» Wenn die Söhne oder Töchter aus guter Hamburger Familie heiraten, dann nicht etwa im barocken «Michel» unweit von der Reeperbahn. Die Hochzeitsgesellschaft trifft sich in Nienstedten oder in Winterhude, wo jeweils eine kleine, feine Fachwerkkirche der Abrißwut der Hamburger widerstanden hat.

Die Galleria (oben), der Hamburger Hof (unten).

Der Turmschaft der Hauptkirche St. Katharinen stammt aus dem 13. Jahrhundert und ist somit das älteste aufrechtstehende Bauwerk der Hansestadt.

Vereinigung von gestern und heute: Die Ruine der Nikolaikirche zwischen modernen Hochhäusern.

Doch, das Klischee kann bedient werden. Gerd Bucerius, der es sogar zum Hamburger Senator brachte, meinte: «Der Verein des Hamburgers ist der Club. ‹Verein›, das hat so einen Nebengeschmack, ist kleinbürgerlich und laut.» Wer das gelbe Haus nahe der Krugkoppel betritt und in der plüschig-altmodischen Diele den Mantel ablegt, bevor er die Treppe hinaufgeht zum Empfang des belgischen Konsuls, übersieht leicht das kleine Schild «Nur für Mitglieder – For Members Only». Weniger versteckt sind die Kurse der «Vor- und Schlußbörse» am Schwarzen Brett, denn im – geschlossenen – Saal zur Rechten tafelt zur Mittagszeit Hamburgs Geschäftswelt und pflegt in tiefen Ledersesseln Kontakte. Es ist eine Männerwelt: Wir sind im Anglo German Club. Englisch das Mobiliar, die Bilder zeigen Schiffe und englisches Landleben; weit schweift vom ersten Stock der Blick über die Außenalster. Doch der Zeitgeist macht selbst vor solchen Bastionen nicht mehr halt. Ab 16.00 Uhr dürfen sich auch Damen im Restaurant bedienen lassen. Und wer hier eine Jubiläumsfeier oder Hochzeit ausrichten läßt, kann selbstverständlich Menschen beiderlei Geschlechts dazu einladen. Es gibt genug Hinterzimmer – in Hamburg geben die Männer den Ton an.
Soweit die Klischees und ihre Realitäten. Doch auch die Hamburger nehmen sich die Freiheit, nicht nur so zu leben, wie man es von ihnen erwartet. Es gibt Zeiten und Gelegenheiten, da tut sich keiner einen Zwang an. Da trifft sich die Elite aus Blankenese oder Harvestehude mit den ganz normalen Menschen aus Wandsbek oder Altona, um einer gemeinsamen Leidenschaft zu frönen. Die eine gemeinsame Liebe betrifft das Deutsche Derby auf der Rennbahn in Hamburg-Horn und andere Galopprennen. Der Pferdesport hat an der Elbe seit jeher viele Anhänger. An einem blauen Sommertag im Juli 1869 lief hier erstmals das Norddeutsche Derby, gestiftet von Graf Wilamowitz-Möllendorf; «Investment», Favorit und Sieger, holte 1 400 Taler für seinen Besitzer.
Wer nicht glauben will, daß Hamburger sich die Seele aus dem Leib schreien und völlig aus dem Häuschen geraten können, sollte sich am Samstagnachmittag in die Fankurve am Millerntor-Stadion begeben. Zwar konnte der 1. FC St. Pauli nicht halten, was er in den vergangenen Jahren versprochen hat. Die berauschenden Zeiten in der ersten Fußball-Bundesliga sind passé. Trotzdem: Hier gab es Fußball mit Köpfchen, und geblieben ist eine unbeirrbare Popularität, die im modernen Sportgetriebe Seltenheitswert besitzt.
Ebenfalls höchst vergnügt und gar nicht steif geht es zu, wenn die Temperaturen so weit sinken, daß die Außenalster zufriert. Immer wieder muß die Polizei Leichtsinnige warnen, weil die Hamburger dieses Volksfest einfach nicht abwarten können. Ist der See endlich tief genug gefroren, bleibt vom Eis keine Spur, denn das weite Rund ist schwarz von Menschen, vom jüngsten Enkel bis zur Uroma. Musik dröhnt durch die Kälte, und Glühweinbuden machen glänzende Geschäfte.
Und drittens trifft sich ganz Hamburg jedes Jahr zu Silvester am Hafen, wenn um Mitternacht die Sirenen der Schiffe das neue Jahr mit ohrenbetäubendem Lärm begrüßen. Wenn Sekt- und Champagnerkorken knallen. Wer Angst vor Raketen und Lichträdern hat, die im Gewühle explodieren, sollte lieber zu Hause bleiben. Auch bei diesem Vergnügen ist von hanseatischer Distanz zum Mitmenschen keine Rede. Hier werden alle Brüder und Schwestern.

Kunst und Kommerz

Die Kaufmannsstadt Hamburg kann nicht klagen. Nach dem Krieg durch die deutsche Teilung unerwartet eine Handelsmetropole ohne Hinterland geworden, liegt der Hafen nun wieder mitten in Europa. Der Umbruch und Aufbruch im Osten des Kontinents hat in den hanseatischen Auftragsbüchern die schwarzen Zahlen in die Höhe schnellen lassen. Boomtown heißt seit 1989 die Stadt an der Elbe, auch wenn der Höhenflug schon wieder normalen Zeiten gewichen ist. Wer durch Hamburg spaziert, registriert es im Vorübergehen: In der City schossen in kürzester Zeit neue Luxushotels in die Höhe, in jede Baulücke wurde ein Bürohaus geplant. Die meisten großen Neubauten haben sich mit ihrem Backsteinkleid Hamburger Traditionen angepaßt. Das «Zürich-Haus» zum Beispiel an der prominenten Ecke Domstraße/Ost-West-Straße wurde mit torfgebranntem, ostfriesischem Dünnformatklinker verkleidet – Baustoff vom Feinsten.
Insgesamt schätzt man heute Hamburgs Büroflächenbestand auf rund 9,7 Millionen Quadratmeter, bis Ende 1994 soll eine weitere Million hinzukommen. (Zu hoffen bleibt, daß soviel Raum seine Abnehmer findet.) Bauliche Experimente wurden bei diesen Kontorhäusern der

Verkehrsknotenpunkt: Der Hamburger Hauptbahnhof (oben und unten).

Wie der Bug eines Schiffes wirkt das 1922 bis 1924 von Fritz Höger erbaute Chilehaus.

Moderne nicht gewagt, auch am Ende des zweiten Jahrtausends war Zweckmäßigkeit Trumpf. Doch während in anderen Städten die Diskussionen um die innerstädtische Bebauung kein Ende finden, hat Hamburg ohne großes Aufsehen architektonische Zeichen realisiert.
Handel und Wandel blieben die entscheidenden Komponenten im Auf und Ab der Geschichte dieser Stadt seit fast 2000 Jahren. Die ältesten gefundenen Scherben stammen von Tonkrügen aus dem Rheinland, in denen wohl Wein transportiert wurde, und ein basaltenes Mühlrad aus der Eifel hat sich aus der Zeit um 800 n. Chr. erhalten. Das Ansehen und die Bedeutung Hamburgs, die noch heute – in aller Bescheidenheit – beschworen werden, gründen sich auf eine verhältnismäßig späte Epoche im Leben der Stadt. Noch im frühen und hohen Mittelalter hatten Namen wie Stade oder Lübeck unter den internationalen Fernfahrern und Kaufleuten einen bedeutenderen Klang. Um 1300 lebten in Hamburg gerade 5000 Menschen.
Doch dann ging es schnell bergauf. Mitte des 13. Jahrhunderts hatten Hamburger Fernkaufleute, die in England ihre Geschäfte machten, sich in London zu einer Vereinigung (Hanse) zusammengeschlossen. Im Jahr 1358 wurde daraus eine Interessengemeinschaft von europäischen Städten, die eine gemeinsame Außenpolitik betrieben – als die «Hanse» ist sie in Urkunden und Geschichtsbücher eingegangen.
Während Lübecks Kontakte fast ausschließlich in Richtung Osten gingen, lagen Hamburgs Absatzmärkte vor allem in Flandern, Friesland und den Niederlanden. Als Umschlag- und Stapelplatz aber war der Standort an der Elbe ideal für Waren aus allen Himmelsrichtungen. Aus Brandenburg kamen Roggen und Holz, aus Goslar Kupfer, Getreide aus Holstein und Dithmarschen, aus Norwegen der beliebte Stockfisch und Weine aus Frankreich und vom Rhein. Auch die hanseatischen Kaufleute waren es längst gewöhnt, Geschäftsbücher über Soll und Haben zu führen. Doch weil so wenig private Aufzeichnungen überdauerten, ist das Handlungsbuch des Ratsherrn und Flandernfahrers Vicko von Geldersen eine Rarität.
Die akkuraten eigenhändigen Eintragungen des Hamburger Kaufmanns über Geschäfte, Außenstände und Schulden in den Jahren 1367 bis 1391 decken ein weitverzweigtes Netz von Beziehungen und geschäftlichen Verbindungen auf. Vicko von Geldersen erzielte die meisten Gewinne im Tuchhandel. Aus zwanzig Orten in Flandern und Brabant wurden Stoffe in allen Farben und Qualitäten in sein Hamburger Lager geliefert. Aus Flandern kamen außerdem die begehrten Gewürze wie Pfeffer, Ingwer und Nelken, dazu Feigen, Reis und Mandeln für den Bedarf der Hamburger. Umgekehrt lieferte von Geldersen Butter und Schinken in die Niederlande, handelte mit Heringen aus Schonen und Lüneburger Honig. In der Altmark kaufte er Leinwand ein und exportierte sie nach England. Und natürlich hatte er Geschäftspartner im ganzen norddeutschen Raum, in Stade und Kiel, in Flensburg und Lüneburg, in Braunschweig und Hannover. Es verwundert nicht, daß der geschäftstüchtige Hamburger sich den erfolgreichsten Exportartikel seiner Heimatstadt nicht entgehen ließ – das Bier. Der Ratsherr vermittelte es nach Kampen in Holland. Das lag noch verhältnismäßig nah, denn Hamburger Bier wurde bis nach Rußland und Portugal geliefert. Im 15. Jahrhundert zählte man in der Stadt über 500 Brauereien.
Mit dem Wohlstand wuchs der Widerstandsgeist bei den Bürgern. Selbst die Handwerker und kleinen Leute wehrten sich und wollten nicht länger von einem winzigen Ratsherrenklüngel regiert werden. Es kam im Lauf des 15. Jahrhunderts zu Aufständen und Straßenkämpfen. Als man sich 1483 in 69 Artikeln endlich einigte, war das Ergebnis gewiß keine demokratische Gesellschaft. Die Bürger – und das bedeutete alle männlichen Hamburger, die Grund und Boden besaßen und genug Geld, um das Bürgerrecht zu kaufen – erhielten mehr Mitspracherecht im Rat. Der Bürgereid aus jenen Jahren hatte formell Bestand bis 1918: «Ich gelobe und schwöre zu Gott dem Allmächtigen, daß ich diesem Rat und dieser Stadt will treu und hold sein, ihr Bestes suchen und Schaden abwenden, so gut ich kann und vermag, auch keinen Aufruhr gegen diesen Rat und diese Stadt machen, weder mit Worten noch mit Werken.»
Die Hamburger Kaufleute nutzten die Hanse, solange sie ihnen Nutzen brachte. Aber eigentlich ist für solidarische Bündnisse nicht geschaffen, wer von Geschäfts wegen zuerst den eigenen Vorteil im Auge haben muß. Immer häufiger versuchte Hamburg, sich vor den kriegerischen Auseinandersetzungen der Hanse zu drücken, neutral zu bleiben und es sich mit keiner Seite zu verderben. An der Elbe weinte niemand dem Bündnis, das im Lauf des 17. Jahrhun-

Die Architekten Kayser & Großheim entwarfen den Brunnen, der seit 1878 den Hansaplatz schmückt. Die Figuren aus der Hamburger Geschichte schuf Engelbert Pfeiffer.

Hygieia, der Göttin der Gesundheit, ist der Brunnen im Hof zwischen Rathaus und Börse geweiht.

Albert Erbe entwarf 1902 das monumentale Gebäude des Museums für Völkerkunde nach den Vorstellungen des damaligen Direktors Georg Thilenius.

Nach dem Abriß der Konventbauten des Maria-Magdalenen-Klosters entstand 1839 bis 1841 am Adolphsplatz die neue Börse.

derts ohne viel Aufhebens zu Ende ging, eine Träne nach. Im Gegenteil: Mehr als je zuvor wurde Hamburg «das Packhaus und Magazin für ganz Deutschland». Um 1650 lebten erstmals 50 000 bis 60 000 Menschen in der Stadt. Während die deutschen Lande im Dreißigjährigen Krieg verwüstet wurden, hatte das neutrale Hamburg hinter dicken Festungsmauern seinen Wohlstand vermehrt und baute nun sogar eigene Kriegsschiffe, um seine Handelsflotte auf den Weltmeeren gegen Piraten zu schützen.

Die Beziehungen zu den ebenfalls protestantischen Niederlanden wurden im Lauf des 17. Jahrhunderts so eng, daß die Hamburger Kaufleute um diese Zeit ihre Geschäftsbriefe in holländischer Sprache abfaßten. Als neuer Erwerbszweig – voller Risiken, aber auch im höchsten Maße gewinnträchtig – erwiesen sich die Grönlandfahrten. Allein im Jahr 1660 stachen sechzig Hamburger Schiffe mit rund 2 000 Matrosen in See und brachten über 500 erlegte Wale nach Hause. Der Tran der Meeresungeheuer war eine Kostbarkeit, und die Ausstattung der Schiffe für die lange Fahrt setzte viele Hamburger in Lohn und Brot.

Ein Zipfel jener althamburgischen Kaufmannsherrlichkeit läßt sich noch in der Deichstraße erfassen, die zum ersten Mal in einer Urkunde des Jahres 1304 erwähnt wird. Es ist ein bescheidenes historisches Ensemble von Wohn- und Speicherhäusern aus dem 18. Jahrhundert, aber auch charakteristisch für den städtischen Betrieb zur Barockzeit. Die hohen schmalen Häuser liegen am Nikolaifleet, so daß die Boote am Hintereingang ihre Waren abliefern konnten, die mit dem Kran am Giebel direkt ins Haus gehievt wurden. Ein Speicher gehörte den Händlern aus Bardowick, eine reiche Stadt zwischen Hamburg und Lüneburg. Vor allem von ihnen wurde die Elbestadt im Mittelalter mit Gemüse versorgt. Die liebevoll restaurierte Deichstraße fehlt heute in keinem Besichtigungsprogramm. Nur der zähe Widerstand einer Privatinitiative bewahrte sie in den siebziger Jahren vor dem Abriß.

Bevor das Vorurteil sich endgültig festsetzt, der Hamburger habe zu allen Zeiten nichts anderes im Kopf gehabt als seine Auftragsbücher und dachte beim Blick gen Himmel nur daran, ob das Wetter den Schiffen günstig sei, die auf dem nicht ungefährlichen Wege von der Elbmündung zum Hafen waren, drängt sich gerade im barocken 17. Jahrhundert neben dem Kommerz die Muse ins Bild. Denn die Elite der Hansestadt war keineswegs nur mit dem Geldzählen beschäftigt. Königin Christine von Schweden kam nach ihrer Abdankung im Jahre 1654 mehrmals nach Hamburg, dessen kulturelles Leben sie schätzte, und feierte hier rauschende Feste. Die «Pfeffersäcke» an der Elbe hatten vor allem eine Leidenschaft – die Musik (und sie ist es bis heute geblieben).

Heute blickt der Dramatiker Lessing – eine kurze, nicht unwichtige Zeit war er in Hamburg zu Hause – gedankenverloren von seinem steinernen Sockel auf den Gänsemarkt. Ringsum Klinkerfassaden, der traditionsreiche Stadtbäcker lockt mit ungezählten Brotvariationen, und neonflimmernde Eingänge sollen in bunte Passagen verführen. Hier am Gänsemarkt stand einst Deutschlands erstes bürgerliches Opernhaus. Initiator war der Jurist und Senator Gerhard Schott, der diese Institution zusammen mit drei anderen Bürgern als private Bühne gründete. Premiere war am 2. Januar 1678 mit einer Oper über «Adam und Eva». Das Unternehmen war so erfolgreich, daß es bis 1738 Bestand hatte und über 270 verschiedene Opern aufgeführt wurden.

Die Meinung einiger lutherischer Geistlicher, daß diese Art von Vergnügen des Teufels sei, wurde von der Mehrheit ihrer Kollegen nach erbitterten Auseinandersetzungen verworfen. Im Gegensatz zu anderen europäischen Opernhäusern wurde in Hamburg nicht italienisch, sondern von Anfang an deutsch gesungen, es kam sogar zu plattdeutschen Arien.

Bis heute gibt es wohl keine Stadt in Deutschland, in der die Kirchenmusik so intensiv gepflegt wird. Kein Abend, an dem nicht in irgendeinem Gotteshaus Trompeten und Orgeln, Geigen oder Celli zum Konzert erklingen. Auch diese Tradition geht bis ins 17. Jahrhundert zurück. Die berühmtesten Orgelbauer und Organisten zog es damals an die Elbe. Arp Schnitger, der größte von ihnen, baute zwei Orgeln in der Hansestadt. Das Meisterstück in St. Jacobi, heute nur wenige Minuten vom Kaufrausch der Mönckebergstraße entfernt, blieb erhalten. Die 60 Register, die 1693 zum erstenmal erklangen, sind 1993 nach langer, mühevoller Restaurierung wieder an ihren alten Platz zurückgekehrt.

Den größten Einfluß auf das Hamburger Musikleben hatte Georg Philipp Telemann, städtischer Musikdirektor von 1721 bis zu seinem Tod 1767. Mit der Berufung des Frankfurter Kapellmeisters und Musikdirektors holten sich die Hamburger den berühmtesten zeitgenössischen Komponisten an die Elbe. Das

Die Heiligengeistbrücke (oben), das Museum für Kunst und Gewerbe (unten).

Das Wandrahmsfleet im Herzen der Speicherstadt (oben). Brände, Flächensanierungen und der Zweite Weltkrieg haben viele Wasserstraßen Hamburgs zerstört, wie das Stöckelhörnfleet (rechts).

Die Speicherstadt entstand auf der alten Brook-Insel (Brook ist das niederdeutsche Wort für Bruch – feuchte Niederung), die zu einem Freihafen ausgebaut wurde, wo die Waren aus aller Welt zollfrei und unter besten Bedingungen gelagert werden sollten.
Zwischen 1886 und 1888 entstand der Speicherkomplex auf der Kehrwiederinsel westlich vom Kannengießerort. In diesem Zusammenhang wurde das erste Verwaltungsgebäude der Lagerhausgesellschaft bei St. Annen erbaut. An die zu diesem Zweck abgerissene St.-Annen-Kapelle erinnert der Erker mit der St.-Annen-Statue. Um die Jahrhundertwende wurden Speicher auf der Wandrahmsinsel errichtet.
Diesen Neubauten fielen die Wohnviertel der Kehrwieder- und Wandrahmsinsel zum Opfer. Es wurden etwa tausend Häuser mit Wohnraum für mehr als 2000 Menschen abgerissen. Bei den Bewohnern handelte es sich nicht nur um Arbeiter, sondern auch um Kaufleute, die in ihren Häusern Wohnung, Kontor und Lager «unter einem Dach» hatten. Straßen- und Brückennamen erinnern an die Vergangenheit. «Kannengießerort» war die Straße der Feinmetall-Handwerker, am «Pickhuben» wurden die Verbrecher mit «gepechter Haube», das heißt mit geteertem Kopf, zur Richtstätte auf den Großen Grasbrook geführt, unter ihnen so bekannte Übeltäter wie der Seeräuber Klaus Störtebeker, der hier im Jahr 1400 enthauptet wurde. An ihn erinnert eine Bronzestatue bei der Magdeburger Brücke.
Mit dem Abriß ging ein Stück des alten Hamburg verloren. Die einen nannten es malerisch und behaglich, die anderen dringend sanierungsbedürftig. Zugleich bedeutete es für viele ein menschliches Drama. Kaufleute und Reeder allerdings hatten mit dem Bau der Speicherstadt das gewonnen, wonach sie schon lange gesucht hatten: einen geeigneten hafennahen Standort für die Wirtschaft. Für die umgesiedelten Hamburger, die «Deslocierten», wie man sie nannte, wurden neue Wohnungen in Winterhude, Barmbek, Hammerbrook, Billwerder und Rothenburgsort gebaut.
Die Speicher wurden zwischen Straße und Fleet errichtet, um sie sowohl durch Schute vom Wasser als auch von der Straße her be- und entladen zu können. Aus dem Stadtbild Hamburgs sind die Lagerhäuser aus Backstein nicht mehr wegzudenken. Brücken und eiserne Stege unterbrechen die Straßen und Kanäle. Am Ufer des Holländischen Brooks stehen Bäume wie an den Grachten in Holland, der Sandtorhof erinnert mit seinem Giebel an das Lübecker Rathaus.
Im Zweiten Weltkrieg wurde über die Hälfte der Speicherstadt zerstört, später aber größtenteils wieder rekonstruiert und durch neue Bauten ergänzt. Hinter den Klinkermauern der Speicher, die im Sommer die Hitze und im Winter die Kälte abhalten, lagern Waren aller Art: Von Kaffee, Tee, Kakao und Tabak bis hin zu Teppichen und hochwertiger Elektronik. Im Zeitalter der Technik hat sich auch die Abwicklung geändert. Nicht mehr Schuten und Fuhrwerke beliefern die Lagerhäuser, sondern Lastkraftwagen von der Straßenseite her, und längst ist die Eisenbahnlinie stillgelegt, die in die Speicherstadt führte.
Bis zum heutigen Tag sind alle Speicher in Betrieb. Immer noch ist die Speicherstadt der größte zusammenhängende Speicherkomplex der Welt.
Kaufen kann man hier allerdings nichts, sondern nur den würzigen Basargeruch schnuppern, der stets um irgendeine Ecke zieht. Wer die Speicherstadt über die Kornhausbrücke betritt, wird gleich am ersten Pfeiler mit einem Schild belehrt: «Achtung Freihafen, Zollvorschriften beachten! Dieser Grenzübergang ist geöffnet von 6.00 bis 20.00 Uhr...» Die Speicherstadt ist der Kern des Freihafens, wo alles zollfrei gelagert, bearbeitet und umgeschlagen werden darf. Das macht ihn für den internationalen Warenhandel so attraktiv. Wer im Kofferraum oder unter dem Jackett etwas ans jenseitige Ufer der Kanäle bringt, schmuggelt!

Dicht gedrängt stehen die hohen Häuserfassaden am Nikolaifleet.

Eine Palette persischer Teppiche wird in ein Lagerhaus in der Speicherstadt gehievt.

«achtern diek» – hinterm Deich – auch Menschen wohnen. Hamburger, die stolz darauf sind, Bauern zu sein, nicht selten seit Generationen.
Der Pastor vor der Kirche von Ochsenwerder ist schon im schwarzen Ornat, der weiße, vielfach gefaltete Kragen steht wie ein Mühlrad um seinen Hals. «Wissen Sie», sagt er, «hier leben die Menschen noch in Stämmen. Die Tatenberger, die Moorburger, die aus Ochsenwerder. [...] Man ist hier sehr stolz, denn man weiß, die Kaufleute waren abhängig von den Bauern. Hamburg ist irgendwo da drüben.» Neun Frauen begrüßt er zum sonntäglichen Kirchgang, zwei haben den Ehemann mitgebracht. Ist das nicht ein bißchen wenig? «Nein», sagt der Gottesmann und zeigt Verständnis für seine Schäfchen, «man kann doch nicht ständig in die Kirche laufen. Die Menschen hier sind ehrlich, sie sagen, was Sache ist. Und ihren Glauben haben sie im Herzen.» Sein Wort in Gottes Ohr ...
St. Pankratius in Ochsenwerder ist typisch für die bäuerlichen Kirchen der Vier- und Marschlande. Wie eine Glucke duckt sich der bauchige, hellrote Backsteinbau, die weißen Fensterrahmen verstärken den Eindruck einer guten Stube: Fachwerk-Saalkirchen nennt man diese menschenfreundliche Architektur, die im 17. Jahrhundert modern war. Als die kleine Schar sich nach dem sonntäglichen Gottesdienst unter der Empore zu einer Tasse Kaffee trifft, ist das der Atmosphäre durchaus angemessen. Das Innere von St. Pankratius strahlt Behaglichkeit aus, hier soll niemand vor der göttlichen Majestät erschrecken.
Den wohlhabenden Hamburger Bauern fehlte es nicht an Selbstbewußtsein. Davon zeugen auch die mehr als neunzig überlebensgroßen Grabplatten, die heute als steinerner Zaun den Friedhof von Curslack begrenzen. Da geleiten barocke Putten ganze Familien ins Himmelreich, von vielen Kindern ist die Rede, die selig entschlafen sind. St. Severini, die Saalkirche in der Friedhofsmitte, zieren im Innern mächtige, kunstvolle Messing-Kandelaber und in den Bänken eiserne Stangen, mit Blumen und Herzen bekrönt – einst Hutständer für die männlichen Gottesdienstbesucher.
Schon im 11. Jahrhundert kamen die ersten Siedler in das sumpfige, immer wieder überflutete Land nördlich des Elbebogens. Die endgültige Kultivierung und Urbarmachung gelang im 14. und 15. Jahrhundert. Im Laufe der Jahrhunderte waren die Gebiete vor den Toren für die

Hamburg gehört zu den bedeutendsten Lager- und Umschlagplätzen der Welt für Orientteppiche (oben und unten).

Auf die richtige Mischung kommt es an: In den Lagern der Speicherstadt werden die importierten Rohwaren der Genußmittel kontrolliert und vermischt, um sie zu einem «genießbaren» Produkt zu machen, hier in der Kaffeelagerei (oben und unten).

Hamburger nacheinander Kornkammer, Gemüsekammer, Küchengarten. Heute ist die Arbeitsteilung unübersehbar, auch wenn sich hier wie dort Plastikplanen und Gewächshäuser breitmachen: Die Vierlande sind das Blumenparadies, die Marschlande für Obst und Gemüse zuständig. Die Statistik gibt Erstaunliches preis: Im Stadtstaat Hamburg stehen für Blumen 225 Hektar heizbare Glasflächen zur Verfügung, und knapp 15 000 Hektar Land werden von 250 bäuerlichen Betrieben im Hauptberuf und 150 Betrieben als Nebenerwerb bearbeitet. Über 10 000 Stück Hamburger Rindvieh stehen in den Ställen und auf den Weiden, knapp 15 000 Hühner sorgen für frische Eier, und rund 5 000 Schweine freuen sich ihres Lebens.

Wo heute viele Bauern um ihre Existenz fürchten, weil die Kosten – zum Beispiel für die Heizwärme – unerschwinglich werden, kann der Mensch aus der Stadt kostenlos Freizeit gestalten und genießen. An der Dove-Elbe dümpeln die Jachten im künstlichen Hafen. Die Reetdächer der pastellgrünen Fachwerkhäuser ducken sich fast bis auf die Deichkante. Im Morgendunst verschwimmen die Inseln der Tatenberger Bucht. Die langen Hälse der Schwäne recken sich auf schmalen Kanälen. Am Nachmittag stolziert ein Storch durch die platten Wiesen von Billwerder, ein Fischreiher ist auf Froschjagd. Ein Idyll, nicht weit vom Lärm der großen Stadt, das seinen Charakter bewahren konnte.

Wenn die Hamburger heute in Richtung Südosten fahren, um sich auf den Erdbeerplantagen selbst zu bedienen und den Obstbauern das Pflücken abzunehmen, setzen sie eine Tradition fort, die im 18. Jahrhundert begann. Die kleinen roten Früchte waren so beliebt, daß man die Erntezeit zu einer mehrtägigen «Lustfahrt» in die Vierlande nutzte, zumal die Mediziner dieses Obst zur Reinigung des Blutes empfahlen. An Übernachtungsmöglichkeiten herrschte inzwischen kein Mangel mehr: «Besonders auf dem Wege nach Bergedorf sieht man so viele reizende kleine Paläste, Landhäuser und Pavillons mit Blumen- und Fruchtgärten, Alleen und so reizende Aussichten, daß man ein Schauspiel oder ein Gemälde zu sehen glaubt.»

Der zeitgenössische Beobachter hat beschrieben, was Ende des 17. Jahrhunderts für fast hundert Jahre Mode wurde: Die Hamburger Kaufleute und ihre Familien zog es hinaus aufs Land. Kein Wunder, denn trotz allem Reichtum war die

Elbmetropole eine eher düstere Stadt geblieben, mit krummen Gassen, stickiger Luft und Fachwerkhäusern, die nicht nach Schönheit, sondern Nützlichkeit gebaut wurden. Nur an den hölzernen Türen erlaubte man sich ein wenig Zierwerk.

Wie ganz anders lebte man da an «der lieblichen Bille», wo Teiche und Kanäle die Gärten zierten, wo Platz genug war, Ziersträucher und Buchsbaumhecken in niederländisch-französischem Stil anzulegen. Vor allem an den Wochenenden, wenn auch die Ernährer der Familie sich eine Ruhepause von der Arbeit «im Comptoir» gönnend ihre Familien in der Sommerfrische besuchten, herrschte ein reger Kutschenverkehr hinaus aus dem Stadttor in die Vierlande.

Nur eins dieser Landhäuser ist geblieben und als Museum erhalten, das «Glockenhaus» am Billwerder Billdeich Nr. 72. Ursprünglich ein Bauernhaus, wurde das einfache Gebäude aus Klinker und Fachwerk von seinem Hamburger Besitzer um 1780 erweitert, mit einem Dachreiter für die Glocke und darunter einer Uhr geschmückt. Vom Garten hat sich nichts erhalten. Der Lärm der nahen Autobahn vertreibt jeden Anflug romantischer Stimmung, und der alte Billdeich führt auf dem Rückweg in die Stadt mitten hinein in eine weitläufige Ansiedlung nüchterner Gewerbebauten. An einer Bushaltestelle warten weiße und farbige Anwohner. In Billbrook ist längst nicht mehr die feine Gesellschaft zu Hause. Hier leben Arbeiter und kleine Leute, und der Anteil der Ausländer liegt – wie in sieben von 104 Hamburger Stadtteilen – bei über vierzig Prozent. Denn der berechtigte Blick in die Vergangenheit darf die Gegenwart nicht verstellen: Hamburg ist Deutschlands zweitgrößte Stadt. Menschen vieler Nationalitäten leben und arbeiten hier miteinander. Von den 1,6 Millionen Einwohnern sind knapp 250 000 ausländische Mitbürger.

Daß es in Billstedt heute nicht so aussieht wie in Eppendorf oder dem noch feineren Harvestehude, hat mit dem Geschmack der Trendsetter zu tun. Und der erwies sich schon vor über 200 Jahren als erstaunlich einflußreich. Waren es im Barock die Niederländer und im 18. Jahrhundert die Franzosen, die in Moden, Sprache und Lebensart den Ton angaben, kamen nun in Hamburg englische Sitten auf allen Gebieten zum Durchbruch. (Und dabei ist es bis heute geblieben. Wer in den Chefetagen etwas auf sich hält, sitzt hinter englischen Mö-

Vor der Teeprobe: Die richtige Mischung der verschiedenen Teesorten wird von Fachleuten überwacht, um die Qualität des Produktes zu garantieren, hier bei «Hälssen und Lyon» in der Speicherstadt (oben und unten).

Ein besonderes Erlebnis ist eine Barkassenrundfahrt durch die Speicherstadt.

beln.) Vorbei war es mit abgezirkelten Gärten auf dem platten Land, vorbei mit Kanälen und einsamen Pappelalleen. Jetzt sollte das Auf und Ab einer Parklandschaft der Natur am nächsten kommen, mächtige Baumwipfel und markige Geholze das Auge ergötzen. Billstedt verödete und zahlte für die vergangene Herrlichkeit einen hohen Preis: Die alten, reetgedeckten Bauernhäuser hatten den Lustgärten und Villen weichen müssen. Als diese Zeugen einer städtischen Mode verfielen, blieb ein ländlicher Zwitter zurück, wo bald nur noch «Hafer und Bohnen» angebaut wurden.
Jetzt fuhren die Kutschen derer, die etwas auf sich hielten, zum westlichen Stadttor hinaus, denn die neue Landschaftsarchitektur – herrschaftliche Villen eingeschlossen – konnte sich aufs beste elbabwärts entfalten. Palmaille und gleich im Anschluß daran die Elbchaussee wurden zum bevorzugten Wohngebiet der Reichen und der Mächtigen. Im Flottbeker Landhaus des Kaufmanns Caspar Voght trafen sich im beginnenden 19. Jahrhundert Gelehrte und Musiker, Schriftsteller und Pastoren und natürlich Hamburgs führende Geschäftsleute. Sie hatten sich auf ihren Lorbeeren nicht ausgeruht, sondern immer neue und fernere Handelswege erschlossen. Caspar Voght konnte von sich sagen: «Ich war der erste Hamburger Kaufmann, der aus Mocca Kaffee, aus Baltimore Taback, aus Surinam Kaffee, aus Afrika Gummi holte.»
Ob im Hause des reichen Handelsherrn Voght oder des gelehrten Mediziners Johann Albrecht Reimarus – für diese Hamburger Geselligkeiten ist typisch, was Sophie Reimarus sagte: «Hier kommt und geht, wer will, und denkt auch, was er will, und sagt es ziemlich dreist, und niemand kümmert sich darum.» Doch es wurden bei solchen Open-House-Veranstaltungen nicht nur kluge Gespräche geführt. Die nüchternen Hamburger waren in jenen Jahren weit über ihre Grenzen hinaus besonders für zwei Leidenschaften berüchtigt: Üppige Abendessen, die nur ein guter Magen überstehen konnte, und Spiele jeder Art bis in den frühen Morgen.
Nun hat nicht jeder das Glück, an der Elbchaussee zu wohnen. Aber westlich des Zentrums liegen ja noch etliche andere Stadtteile. Eppendorf, Harvestehude und Winterhude wurden im Laufe des 19. Jahrhunderts zu bevorzugten Wohngebieten, auch wenn Bürgermeister Carl Petersen über seine Jugendzeit um 1820 schrieb: «Vor dem Dammtor hatte die Ansiedlung nur in schmalen Grenzen begonnen. Die große Straße vom Dammtor nach Eppendorf war ein tiefer Sand, so daß man beim Reiten schwer fortkam und das Pferd nachher verschnaufen lassen mußte. Die Uhlenhorst war ein Sumpf, in welchem das Pferd hie und da versank ...» Dazu muß man wissen, daß um diese Zeit jeden Abend nach Einbruch der Dunkelheit die Tore der Weltstadt Hamburg geschlossen wurden, als hätte das Mittelalter noch kein Ende gefunden. Erst am 21. November 1860 wurde die Torsperre aufgehoben!
Als im Jahr 1866 ein Consortium Hamburger Kaufleute für vier Millionen Mark das «Klosterland» in Harvestehude aufkaufte, das inzwischen einem evangelischen Damenstift gehörte, war der unaufhaltsame Aufstieg der an das westliche Alsterufer grenzenden Stadtteile und ihrem «Hinterland» besiegelt. 1903 wurde ganz offiziell beschlossen, in Eppendorf und Harvestehude keine Fabriken anzulegen, sondern die Gegend für eine «bessere, vornehmere Bebauung» frei zu halten. Im Jahre 1988 schuf der Hamburger Senat eigens die rechtlichen Voraussetzungen, um ganz Harvestehude mit seinem einmaligen Ensemble aus Villen, Etagenhäusern und Grün- und Wasserflächen unter Milieuschutz zu stellen.

Es lebe die «Szene»

Am Ende des 20. Jahrhunderts gilt es immer noch als schick, sein Domizil nach Feierabend westlich der City aufzusuchen. Die Frage aller Fragen, wenn sich bisher Unbekannte auf Parties und Empfängen gegenüberstehen oder im kleinen Kreis gegenübersitzen, lautet in Hamburg innerhalb kürzester Zeit: «Wo wohnen Sie?» (Und wehe Ihnen, Sie müßten heute antworten: «In Billstedt».) Weil die traditionellen Straßenzüge dem expandierenden Mittelstand, den Studienräten, Grafikern, Werbekaufleuten und Journalisten nicht mehr ausreichten, wurden westliche Arbeiterviertel wie Altona, Ottensen oder Eimsbüttel – die neueste Eroberung ist St. Pauli – ohne langes Zögern in den Wohnungswunschkatalog der Arrivierten aufgenommen. Womit wir ein bekanntes Hamburger Phänomen wiedertreffen – den Wochenmarkt –, das sich unmerklich mit einem neuen verschwistert hat, der Hamburger Szene.
Der beliebte Wochenmarkt ist nicht nur eine hanseatische Marotte, sondern steht für eine Besonderheit dieser Stadt, die in dieser Kombination wohl einmalig in

1982 wurde die Bronzestatue des Seeräubers Klaus Störtebeker am Brooktor errichtet.

Als die Speicherstadt entstand, baute man 1888 auch ein neues Postamt im Freihafen.

Vom Fernsehturm hat man einen herrlichen Blick auf die Innenstadt.

DER SPIEGEL

Restaurierte Fachwerkhäuser in der Reimerstwiete, im Hintergrund der Turm der Nikolaikirche.

Deutschland ist. Trotz schwerer Kriegsschäden durch alliierte Luftangriffe, die im Sommer 1943 rund sechzig Prozent des städtischen Wohnraums zerstörten, besitzt Hamburg eine ungewöhnlich große Zahl von Stadtvillen und vor allem unzählige Straßenreihen mit Etagenhäusern aus der Zeit zwischen 1880 und 1914.
Stundenlang kann man durch die genannten Stadtteile laufen – am besten wie Hans-Guck-in-die-Luft, denn die Augen werden immer neue Verzierungen und Schnörkel, Fensteraufsätze und Kragen aus Stuck entdecken, steinerne Männer, die aufwendige Portale auf ihren Schultern tragen, grinsende Dämonenköpfe, Pseudo-Wappen aller Art. Ob Barock, Renaissance oder Klassizismus – das Potpourri der Stile läßt nichts aus. Und erst die Farben der Häuser! Ob Flieder oder Lila, ob Seegrün oder knalliges Gelb – alles ist erlaubt.
Natürlich gibt es Unterschiede: Unübersehbar hochherrschaftlich dehnt sich die Häuserreihe in Harvestehudes Isestraße, verströmen die pompösen Wohnblocks in Eppendorf, die pseudo-klassizistischen Villen nördlich des Isebekkanals, die Stadthäuser mit Erkern und weiten Wintergärten das Flair einer großen Zeit. Fast mitten in der Stadt, wo Grund und Boden unbezahlbar geworden sind, reiht sich ein verwilderter Vorgarten mit duftenden Rosenbüschen an den andern. Durch hohe Fenster blickt man auf stuckverzierte Decken in Zimmern, die sich durch mächtige Schiebetüren beliebig erweitern lassen; Platz spielte – und spielt – hier keine Rolle. Sogar ein paar alte Kutscherhäuschen haben sich noch im Hintergrund erhalten. (Aber auch auf die wartet schon die Abrißbirne.) Und wie schon gesagt: Ein Spaziergang durch diese Straßen am Abend mit den hell erleuchteten Fenstern, die kaum je eine Gardine ziert, hat einen ganz besonderen Charme.
Beim Blick in die Höhe fällt auf: Die Hamburger sind Balkon-Fetischisten. Und wenn er nur so klein ist, daß gerade ein Fuß ins Freie gesetzt werden kann – Balkon muß sein, kaum eine Häuserfront, egal in welchem Viertel, ist frei davon. In den meisten Fällen schließt ihn ein eisernes Gitter ab, mal streng und kerzengerade, oft bauchig geschwungen, mit phantasiereichen Verzierungen. Ebenso beliebt sind Gitter als Umfriedung der zahlreichen Vorgärten, in Eppendorf und Harvestehude prägen sie das Straßenbild. In der Sprache der «Milieuschutzfibel», die das Bezirksamt

Eine Töpferei (oben) und eine Goldschmiedewerkstatt (unten).

Die Barockfassaden in der Peterstraße wurden originalgetreu nachgebaut.

Gemütliche Gastlichkeit: Krameramtsstuben (oben), Café in St. Georg (unten).

Eimsbüttel herausgegeben hat, liest sich das so: «Milieutypisch ist das filigrane Stabwerk auf einem zierlichen Sockel, rückseitig mit einer Hecke abgepflanzt.»
In Ottensen gibt es keine Vorgärten, dafür krummes Straßenpflaster, und manche Wohnung, in die man blickt, erinnert an eine Puppenstube. Die Häuser sind niedrig und eher schmal. Aber selbst die einfachere Version des Historizismus mit seiner unbedenklichen Anleihe bei den Baustilen aller Epochen gibt dem sanierten Arbeiterviertel einen gediegenen bürgerlichen Anstrich. Auch in Ottensen wurde mit Stuck-Schnörkeln und Verzierungen an den Häuserfronten nicht gespart. Und natürlich ist man auch in Ottensen stolz auf den wöchentlichen Markt am Spritzenplatz. (Was im Straßenverzeichnis «Marktplatz» heißt, liegt abseits und lieblos; man sollte es meiden.)
In Ottensen, Eppendorf oder Eimsbüttel gibt es türkische Gemüsegeschäfte an jeder Ecke; die Tante-Emma-Läden mit ihren ergrauten Besitzern und kunstvoll aufgebauten Konserven im Hintergrund und die kleinen Papier- und Zeitungsgeschäfte halten sich zäh. Da quellen hier wie dort Teegeschäfte über von Nippes aller Art, Räucherstäbchen, englischen Keksen, chinesischen Gesundheitskugeln, und jene Schätze, die im Laden keinen Platz mehr haben, werden in Kisten auf dem Bürgersteig ausgebreitet.
Das ist das Besondere, die unverwechselbare Hamburger Mischung: Wer die Innenstadt verläßt, landet nicht zwangsläufig in öden, menschenfeindlichen Vorstädten – die es auch gibt –, sondern in Vierteln, wo sich Dörfliches und Großstädtisches auf eigenwillige Weise mischen. Und hier kommt nun endlich die «Hamburger Szene» ins Spiel, ein Produkt eigener Art, das diese Stadt in den vergangenen zwanzig Jahren ganz schön verändert hat.
Als Ende der sechziger Jahre erstmals langhaarige Studenten in Eppendorf auftauchten, um in «Onkel Pö's Carnegie Hall» guten alten Jazz zu hören, wurden sie von den Alteingesessenen mißtrauisch beäugt. Doch da sie weder das Inventar zerschlugen noch sonstwie anstößige Handlungen begingen, sondern im Gegenteil Leben in den alten Stadtteil brachten – mit neuen Kneipen und Boutiquen und Lädchen aller Art –, waren sie bald nicht nur geduldet, sondern willkommen. Es sprach sich herum: In Eppendorf ist was los, Eppendorf ist schick. Man kann es auch andersherum lesen – denn nie wird man ergründen, ob zuerst die Henne oder das Ei da war ...

Fortsetzung Seite 66

Die Krameramtswohnungen am Krayenkamp 10.

BERÜHMTE HAMBURGER

«Auf der Reeperbahn nachts um halb eins, ob du'n Mädel hast oder auch keins...» ist nur eines der unzähligen Lieder des blonden Hans aus St. Pauli, die ins Ohr und ins Gedächtnis gingen. Zahlreiche Filme des 1891 in Hamburg geborenen Schauspielers und Sängers **Hans Albers** spielten im Hamburger Vergnügungsviertel. Es ist daher sicher kein Zufall, daß ein Platz zwischen der Reeperbahn und der Straße Große Freiheit nach ihm benannt wurde.

Mit knapp 29 Jahren trat **Albert Ballin** (1857–1918) in die Passageabteilung der HAPAG, der Hamburg-Amerika-Linie. Unter der Leitung des gebürtigen Hamburgers (1899 war er Generaldirektor) stieg die HAPAG zur größten Reederei der Welt auf.

Ein Dichter der «verlorenen Generation» war **Wolfgang Borchert** (1921–1947). Er schrieb meisterhafte Kurzgeschichten und das bekannte Kriegsheimkehrerdrama «Draußen vor der Tür», das in viele europäische Sprachen übersetzt wurde und auf fast allen deutschen Bühnen ein Erfolg war. Diesen Triumph erlebte Borchert leider nicht mehr; er starb, einen Tag bevor das Stück in den Hamburger Kammerspielen uraufgeführt wurde.

Linke Seite: Heinrich Heine (o.), Alfred Lichtwark (M.l.), Hans Henny Jahnn (M.), Wolfgang Borchert (M.r.). Rechte Seite: Philipp Otto Runge (o.), Hans Albers (u.).

Untrennbar mit der Geschichte der Hansestadt verbunden ist **Max Brauer** (1887–1973). Von 1924 bis 1933 war er Oberbürgermeister des «Neuen Altona». Er emigrierte während der Nazizeit, kehrte nach dem Zweiten Weltkrieg zurück und wurde Hamburgs erster Nachkriegsbürgermeister.

Die größte und kostbarste Jugendstilsammlung der Welt mit dem sehr sehenswerten «Pariser Zimmer» verdankt das Museum für Kunst und Gewerbe seinem ersten Direktor **Justus Brinckmann** (1843–1915). Er legte 1868 mit Hilfe der «Patriotischen Gesellschaft» den Grundstock zu dem Museum. 1877 übernahm der Staat die Sammlung.

Der Dichter **Matthias Claudius** (1740–1815) – bekannt durch den Liedtext »Der Mond ist aufgegangen» – war von 1770 bis 1775 Herausgeber der Lokalzeitung «Der Wandsbecker Bothe», die in volkstümlich-naiver Prosa zur christlich-sittlichen Bildung der Bevölkerung beitragen sollte. Im Wandsbeker Gehölz bei der Rantzaustraße wurde 1840 ein Gedenkstein für ihn errichtet.

Als Matrose fiel der aus Finkenwerder stammende **Gorch Fock** (eigentlich Johann Wilhelm Kinau, 1880 bis 1916) in der Skagerrakschlacht. Den außerordentlichen Erfolg seines Romans «Seefahrt ist not» hat er nicht mehr erlebt. Den Namen des Autors trägt ein Segelschulschiff der Bundesmarine.

Obwohl kein Kind dieser Stadt, darf er in der Reihe der Hamburger Berühmtheiten nicht unerwähnt bleiben: der Dichter **Heinrich Heine** (1797–1856). Er lebte mit Unterbrechungen von 1815 bis 1831 in Hamburg. 1825 lernte er den jungen Hamburger Verleger Julius Campe kennen. Dies war der Beginn einer ungewöhnlichen Autor-Verleger-Beziehung, die von beiden oft als «literarische Ehe» bezeichnet wurde. Immerhin war es Julius Campe, der der Hansestadt ein Heine-Denkmal zum Geschenk machen wollte.

Vielseitig begabt und tätig war der aus einer Hamburger Schiffsbauerfamilie stammende **Hans Henny Jahnn** (1894–1959). Er war Orgelbauer und Organist, schrieb Gedichte, Dramen und Prosa. Nachdem 1933 alle seine Werke verboten wurden, emigrierte er in die Schweiz. Erst 1950 kehrte er endgültig nach Hamburg zurück.

Der berühmte Dichter **Friedrich Gottlieb Klopstock** (1724–1803) lebte ab 1770 in Hamburg und vollendete hier 1773 sein Epos «Messias». Er ist zusammen mit seinen beiden Frauen Metta und Johanna Elisabeth auf dem Friedhof von Ottensen begraben.

Der bekannte Aufklärer und Dramaturg **Gotthold Ephraim Lessing** (1729–1781) folgte 1767 einem Ruf an das neu eröffnete Deutsche Nationaltheater nach Hamburg. Er wirkte dort als Dramaturg, Berater und Kri-

tiker und gab die Theaterzeitschrift «Hamburgische Dramaturgie» heraus. Als das Unternehmen scheiterte, verließ er die Hansestadt wieder.

Von 1886 bis 1914 war **Alfred Lichtwark** (1825–1914) Direktor der Hamburger Kunsthalle und einer der Initiatoren und Führer der Kunsterziehungsbewegung. Lichtwark gründete 1886 die «Gesellschaft der Hamburger Kunstfreunde» und zehn Jahre später die «Lehrervereinigung zur Pflege der künstlerischen Bildung in den Schulen». Die Hamburger Kunsthalle verdankt ihm eine Reihe sehr wertvoller Gemälde.

Als Wegbereiter der deutschen impressionistischen Lyrik gilt **Detlev von Liliencron** (1844–1909), ehemals preußischer Offizier, später Hardesvogt auf Pellworm. Zu seinen bekanntesten Balladen zählt «Pidder Lüng». Seit 1889 lebte Liliencron in Rahlstedt, später in Ottensen. Einige seiner Gedichte wurden von Johannes Brahms und Richard Strauß vertont.

Kuttel Daddeldu, der Seemann, der eigentlich nur in Hamburg zu Hause sein kann, war gar kein Hamburger. Sein geistiger Vater, der Schriftsteller **Joachim Ringelnatz** (bürgerlicher Name: Hans Bötticher, 1883–1934) stammte aus Wurzen und fuhr viele Jahre zur See. An ihn erinnert in Övelgönne eine Ringelnatz-Treppe.

Seit 1803 lebte und wirkte der aus Wolgast stammende Maler **Philipp Otto Runge** (1777–1810) in Hamburg. Runge zählt neben Caspar David Friedrich zu den bedeutendsten Malern der norddeutschen Frühromantik. Vier seiner Hauptwerke: «Die Hülsenbeckschen Kinder», ein Porträt der Eltern des Künstlers, ein Selbstbildnis und die erste Fassung des Bildes «Der Morgen» aus dem Tageszeitenzyklus sind in der Hamburger Kunsthalle zu bewundern.

Der bedeutendste Vertreter des alten norddeutschen Orgelbaus, **Arp Schnitger** (1648–1719), wirkte seit 1682 in Hamburg und baute 1689 bis 1693 für die Kirche St. Jacobi seine größte Orgel: Mit vier Manualen und 67 Stimmen.

Fritz Schumacher (1869–1949) wurde 1909 neuer Baudirektor der Hansestadt. Unter seiner Leitung wurde Hamburg umgestaltet. Er gab dem sozialen Wohnungsbau neuen Auftrieb durch den Entwurf großer Siedlungen mit mehr Licht und Sonne. Ihm ist es zu verdanken, daß in Hamburg ein Baupflegegesetz eingeführt wurde, das den Denkmalschutz ermöglichte. Zeichen seines Wirkens sind die unzähligen roten Backsteinbauten der zwanziger Jahre, die Hamburg ein neues Gesicht verliehen. Eines seiner berühmtesten Projekte war die Gestaltung der Mönckebergstraße.

Die Häuserfassaden der Colonnaden wurden nach dem Großen Brand von 1842 im Stil der Neorenaissance erbaut.

Medienzentrum: Das Pressehaus am Speersort, Sitz der «Zeit» und anderer Verlage.

Es entstand ein urbanes Schneeballsystem, das immer mehr tonangebende Gruppen erfaßte und immer größere städtische Kreise zog. Denn Eppendorf allein genügte diesem wachsenden Zirkel nicht. «Pöseldorf», damals ein unauffälliges, eher vernachlässigtes Quadrat zwischen Mittelweg und Alster, hieß plötzlich die Parole. Und siehe da: Voller Bürgerstolz wurde die Gegend auf Hochglanz gebracht. Mit Boutiquen und Kneipen und Lädchen und dem unabdingbaren «Italiener». (Längst trank man nicht mehr Edelzwicker wie einst in Studententagen, sondern kostete kennerisch Frascati oder Chianti.) Auch heute kann man noch gemütlich in Pöseldorf sitzen, aber «die Szene» ist längst weitergezogen – zum Vorteil von etlichen Hamburger Stadtvierteln (und vielen Hausbesitzern).
Bald kamen Winterhude und Eimsbüttel an die Reihe. St. Georg, östlich der Alster gelegen, war ein Ausreißer und hat sich nicht wirklich als In-Viertel halten können. Zu hautnah sind dort in Bahnhofsnähe die Probleme mit Drogen und Prostitution. Schnell ging es wieder zurück in den Westen, und diesmal wurde richtiges Neuland erobert: Ottensen und Altona, die traditionsreichen Arbeiterviertel, bekamen die Segnungen der Schickeria zu spüren. Feine Lokale zogen in alte, leerstehende Fabriken, und jeden Abend blockierten schnelle und teure Wagen den ohnehin knappen Parkraum. Die Vorläufer der Punker formierten sich, sahen den Charakter ihres Stadtteils – mit all seinen Schäbigkeiten – bedroht. Es kam zu Handgreiflichkeiten. Das ist längst vorbei, denn der harte Kern der Schickeria-Meute zog weiter. St. Pauli heißt der neueste Hit, «Ein Schmuddelkind wird zur Szenebraut» die Schlagzeile. Auf dem Kiez hocken nun allabendlich in verräucherten Kneipen die finanzkräftigen Yuppies und szenebewußten Frauen, bis über dem nahegelegenen Hafen die Dämmerung verblaßt. Vorbei ist es mit der coolen Eleganz der achtziger Jahre. Hier liegen nun die Lokale, wohin die Werbeagentur ihre hochkarätigen auswärtigen Kunden führt oder wo die Talkshow-Gäste noch eine Kleinigkeit verzehren. Die Lokalzeitung meint dazu: «Man nehme eine x-beliebige kieznahe Location, überlasse die Dekoration einem zeitgeistigen Designer und die Küche einem jungen Ehrgeizling, der sein Handwerk in einem der ersten Häuser der Stadt gelernt hat, und stelle flotte Mädels an die Front – fertig ist das neue In-Lokal.»

In jenen Illustrierten, die in Hamburg erfolgreich publiziert werden, kann man plötzlich ganz neue Töne über dieses alte, nicht gerade ehrenwerte Viertel hören: Gewalt auf der Reeperbahn? Keine Rede mehr! Kriminelle Zuhälter? Das war einmal! Und arbeitet nicht die Edelhure Domenica, Traum unzähliger unverstandener Journalistenseelen, längst als Sozialarbeiterin? Bei soviel Rotlicht-Romantik kommen einem fast die Tränen. Zur Ernüchterung hilft ein Gang über die Reeperbahn – nicht «nachts um halb eins», wie es Hans Albers besungen hat, sondern morgens um elf, wenn im hellen Licht des Tages die Schäbigkeit der Peep-Shows und Sexkinos unübersehbar ist, die Reklame albern bis ordinär, die Hotelfassaden grau und schmuddelig.
Ein wenig Ironie darf sein über das hektische Auf und Ab der Moden, die immer neuen städtischen In-Viertel. Aber zuviel davon wäre ungerecht, denn Hamburg hat der launische Zeitgeist gutgetan und mehr bewirkt als flüchtige Augenblicksveränderungen. Ottensen und Altona zum Beispiel haben in den vergangenen Jahren ihr Gesicht verändert, und zwar wesentlich zum Besseren. Gewiß, es sind viele Pläne auf der Strecke geblieben, nicht alle Blütenträume gereift. Doch die kleinen, persönlichen Druckereien halten sich. Die Cafés, in denen man nicht nur schnell einen Capuccino trinkt, sondern in Ruhe Fotos und Bilder, Skulpturen und Objekte begutachtet, finden ihre Liebhaber, haben nach einigen Anlaufschwierigkeiten ihre Stammkundschaft. Die Sogkraft der Schicki-Micki-Lokale hat sich von selber auf ein normales Maß eingependelt; «Die Traube», das älteste Lokal im Dorf, hat seine Kundschaft nicht verloren.
Baulücken gibt es noch genug und immer noch unschöne, unwirtliche Plätze. Aber es wurde viel saniert, einiges, was an die Arbeiterkultur dieses Viertels erinnert, konnte vor dem Verfall gerettet werden. In den «Zeise-Hallen», wo mächtige Schiffsschrauben produziert wurden, hat sich ein Medienzentrum eingerichtet. «Mottenburg» war einst der Spitzname für Ottensen, weil unter den damaligen Wohn- und Arbeitsverhältnissen für Kinder wie Erwachsene «die Motten» – sprich: Tuberkulose – ein alltägliches Schicksal waren. Der Name ist geblieben, die Einheimischen hängen an ihren Traditionen. Das schließt nicht aus, daß Menschen aus fernen Welten in Ottensen eine neue Heimat gefunden haben und sich die alten und die neuen Ottensener

1843 gründete «Chéri Maurice» das Thalia-Theater.

Ball paradox – Tanz mit Damenwahl – und Tischtelefone sind seit Jahrzehnten die Attraktionen des «Café Keese» auf der Reeperbahn.

Hier bleibt kein Wunsch offen: Auf der Reeperbahn dreht sich das Vergnügungskarussell die ganze Nacht.

längst selbstverständlich «beim Türken» treffen – sei es zum Speisen oder zum Einkaufen. In warmen Sommernächten stellt jeder einen Stuhl vor die Türe, träumt man sich im Stimmengewirr und Knoblauchduft der Gartenwirtschaften fast in südliche Gefilde.

Noch eines verbindet die Welt der Arbeiter in Altona und Ottensen mit dem feinen Eppendorf. Es erschließt sich erst auf den zweiten Blick und ist doch eine Entdeckung wert: die «Terrassen» in den Hinterhöfen. Eine architektonische Hamburger Besonderheit, die lange Zeit entweder dem Verfall preisgegeben war oder der man – nach hanseatischem Brauch – mit Spitzhacke und Abrißkran kurzen Prozeß machte. Bis der Protest der Bürgerinitiativen unüberhörbar wurde. So konnten die größten Anlagen, die Falkenried-Terrassen in Eppendorf, gerettet werden: Vier dreigeschossige Doppelreihenhäuser zwischen Falkenried und Löwenstraße mit insgesamt 456 Kleinwohnungen, um die Jahrhundertwende für Arbeiter, Fuhrleute, Rentner und alleinstehende Frauen angelegt. Hier herrscht keine düstere Hinterhofatmosphäre: Die Wohnstraßen zwischen den Häusern sind ideale Treffpunkte an warmen Sommerabenden, auch die Kinder können hier unbesorgt spielen. Blumenrabatten sprießen aus dem Asphalt, Efeu rankt sich die klinkerroten Hauswände empor.

Am Zusammenschluß von Eppendorfer Baum und Eppendorfer Landstraße geht es etwas feiner zu. Die gußeiserne Laterne bringt einen Hauch von Romantik in die Hinterhof-Passage. Wer hätte hier dergleichen vermutet? Prachtexemplare von Terrassen gibt es auch in St. Georg und Winterhude, im Schanzenviertel und in Harvestehude. (Etliche warten noch immer auf ihre Restaurierung.) In Hamburg lohnt es sich, Einfahrten zu inspizieren und den Gang durch dunkle Tore zu wagen. Dahinter können sich neue, kleine Welten auftun, die den intimen, nachbarlichen Charakter inmitten der Großstadt bewahren helfen. Lebendige Inseln, die sich erfolgreich dem Gesetz der Uniformität und Supermarktmentalität entzogen haben – auch wenn sie dafür dem Diktat der Moden ihren Tribut zollen müssen. Und da stellt sich die Frage, wer denn die Trendsetter sind in Eppendorf und Harvestehude, in Ottensen und St. Pauli.

Im Jahre 1724 meldete sich der Hamburger Senator Barthold Hinrich Brockes, ein zu Lebzeiten hochgeehrter deutscher Dichter, in der Wochenzeitschrift «Patrioten» zu Wort. Er forderte für Mädchen eine Ausbildung, die über «Hauswesen und Religion» hinausginge. Sie sollten «ein reines, zierliches Deutsch, die Musik, die Beredsamkeit, die Vernunft-, Natur- und Sittenlehre, die Rechen- und Meßkunst, die Erd- und Himmelsbeschreibung» lernen. Also alles, was für das männliche Geschlecht selbstverständlich war. Das erregte Aufsehen, denn diese Hamburger Zeitschrift, wenngleich nur zwei Jahre auf dem Markt, war das Blatt der bürgerlichen Elite. Nach ihrem Ende setzte «Der Hamburger» diese Tradition fort und bestätigte damit – als eine unter vielen Hamburger Zeitungen und «Nachrichten» – den Ruf der Elbmetropole als Deutschlands führende Pressestadt. Der «Hamburgische Correspondent» war meinungsbildend in ganz Europa und brachte es 1798 auf eine Auflage von 25 000, eine unglaubliche Zahl für damalige Zeiten. Infolge des aufblühenden Pressewesens entstand ein neuer Beruf – der Journalist, und Matthias Claudius wurde als Herausgeber des «Wandsbecker Bothen» sein berühmtester Vertreter. Zwar gab es in Hamburg wie überall eine Zensur, doch nirgendwo sonst in Deutschland wurde sie so liberal und großzügig gehandhabt. Im 19. Jahrhundert erschienen an der Elbe fast 200 Blätter.

Die Tradition ist geblieben und hat sich in den letzten Jahren kräftig gemausert. Hamburg ist Deutschlands Medienmetropole, daran rüttelt heute niemand mehr. Allein an der Elbe arbeiten fast 50 000 Menschen in diesem Gewerbe, das jährlich über dreißig Milliarden Mark erwirtschaftet. Von den zwanzig größten deutschen Publikumszeitschriften werden vierzehn in der Hansestadt herausgebracht. Die Menschen, die die Meinung machen, haben sich als Motor der Hamburger Szene etabliert. Wenn der «Tagesschausprecher» oder die «Sprecherin» zu den Gästen zählen, fühlt der Gastgeber sich geehrt. Vor allem die Medienszene ist «die» Szene schlechthin. Sie bevölkert die Lokale, besucht die Vernissagen. Sie bestimmt, was «in» ist. Auch am neuesten Trend zum schicken Kiez um St. Pauli und die Hafengegend sind die Meinungsmacher nicht unbeteiligt.

Die Hansestadt Hamburg – bürgerliche Kaufmannsstadt, Arbeiterhochburg seit den frühesten Tagen der Industrialisierung, Metropole der schnellebigen Medien – politisch hat sich diese Mischung als homogen und pragmatisch erwiesen, ist dem Neuen, sofern es nützlich ist, nicht abgeneigt.

Die Reeperbahn mit dem St.-Pauli-Theater (oben), die Große Freiheit (unten).

«Spielen und Gewinnen» lautet das Motto des Kasinos in St. Pauli.

HOTEL

GLOSSAR

Im Zentrum der Stadt. Hamburgs Wahrzeichen, der «Michel», die monumentalen Gebäude von Rathaus und Börse und das traditionsreiche Kontorhausviertel fügen sich harmonisch in das Bild einer modernen Großstadt ein.
Seite 73

Kunst und Kultur. Geschichte pur präsentiert die Hansestadt dem Besucher nicht nur in ihrer vielfältigen Museumslandschaft, sondern auch im Stadtbild: Kunstvoll gestaltete Denkmäler – Symbole einer bedeutenden Vergangenheit.
Seite 89

Grünes Hamburg. Ausgedehnte Parkanlagen und gepflegte Grünflächen in der Innenstadt, romantische Wanderwege an Elberand und Alsterstrand verleihen Hamburg einen ganz besonderen Charme.
Seite 102

Ausflüge in die Umgebung. Rund um die Hansestadt laden malerische Städte wie Lübeck, Ahrensburg, Ratzeburg oder auch Naturparadiese wie die Vier- und Marschlande und die Insel Helgoland zu einem Besuch ein.
Seite 124

Abendstimmung an den St.-Pauli-Landungsbrücken.

Im Zentrum der Stadt

Kirchen

Holstenwall, Gorch-Fock-Wall und Glokkengießerwall gehörten – darauf weisen ihre Namen noch heute hin – zu der halbkreisförmigen Befestigungsanlage, mit der sich die Stadt im 17. Jahrhundert vor ihren Feinden schützte. Innerhalb dieses längst geschleiften Walls stehen die fünf Hauptkirchen, deren hohe Türme die Stadtsilhouette heute wie einst bestimmen.

St. Jacobi, erstmals 1255 erwähnt, ist ein Backsteinbau aus dem 14./15. Jahrhundert. Wuchtige Rundpfeiler trennen das Mittelschiff von den beiden Seitenschiffen und stützen das Kreuzgewölbe. Um 1500 wurde die Kirche durch ein zweites südliches Seitenschiff erweitert. Der erste Blitzableiter Deutschlands wurde 1796 auf dem Turmhelm von St. Jacobi montiert. 1810 wurde der Helm abgetragen und durch einen achteckigen Helm mit schlanker Spitze ersetzt. Im Luftkrieg 1944 stürzte der Turm ein und durchschlug das Gewölbe. Die 1951 bis 1963 restaurierte Kirche besitzt jetzt einen modernen Turm. Die Bronzetüren des Hauptportals aus dem Jahr 1966 stammen von Jürgen Weber. Nach dem Krieg diente das zweite südliche Kirchenschiff zunächst als Notkirche. Im Innern befindet sich ein 1499 in der Werkstatt des Meisters Bernt Notke geschaffener St.-Lukas-Altar, den das Maleramt (die Hamburger Malerzunft) gestiftet hatte. Erhalten ist auch eine Stiftung des Böttcheramts, der St.-Trinitatis-Altar aus dem 16. Jahrhundert, ebenso ein Baldachin des Böttcher-Altars, der die Taufecke schmückt, und eine Tafel des Fischer-Altars. Die Kanzel aus geschwärztem Sandstein, Marmor und Alabaster schuf Georg Baumann 1609 bis 1610. Zu den Prunkstücken der Kirche zählt die Orgel, die Arp Schnitger 1689 bis 1693 für St. Jacobi baute. Sie gilt als die berühmteste Schnitger-Orgel. Sebastian Bach hat auf ihr gespielt, Albert Schweitzer nannte sie «eine der wertvollsten Orgeln der Welt».

In der Nähe des Nikolaifleets erhebt sich **St. Katharinen**. Die aus dem 14./15. Jahrhundert stammende Kirche besitzt einen barocken Turmhelm, den der Baumeister Peter Marquardt schuf. In den fünfziger Jahren wurde die Kirche, die im Zweiten Weltkrieg schwerste Schäden erlitt, weitgehend originalgetreu wiederhergestellt. Im Innern sind noch drei Stein-Epitaphien aus der Spätrenaissance erhalten. Eine Gedenktafel erinnert an

Man kann am Turm der Abfertigungshalle an den St.-Pauli-Landungsbrücken den Wasserstand der Elbe ablesen.

Bei einer Hafenrundfahrt wird zur Unterhaltung der Gäste viel Seemannsgarn gesponnen.

Beim Kartenverkauf für die Hafenrundfahrt bleibt immer noch Zeit für einen «Klönschnack».

die Opfer des 1957 gesunkenen Schulschiffes Pamir. Sehr sehenswert sind die drei Fenster, das Gloria-, das Tauf- und das Weihnachtsfenster, von Gottfried von Stockhausen. Der Hamburger Bildhauer Fritz Fleer schuf die Bronzetür des Südportals 1961 bis 1963 mit einem Ecce-Homo-Motiv als Relief.

St. Michaelis, der «Michel», ist Hamburgs Wahrzeichen. Im Jahr 1606 wurde die «Kleine Michaeliskirche» errichtet, die sich aber während des Dreißigjährigen Kriegs als zu klein erwies für die Gläubigen, die Schutz hinter den Befestigungsanlagen suchten. So wurde 1648 bis 1673 unter der Leitung von Christoph Corbinus und Peter Marquardt in unmittelbarer Nähe die «Große Michaeliskirche» errichtet, die den Rang einer Hauptkirche erhielt. Ein Blitzschlag äscherte die Kirche 1750 ein. 1751 bis 1762 wurde sie nach den Plänen von Ernst Georg Sonnin und Johann Leonhard Prey wiederaufgebaut und erhielt 1786 den Turm. Nach einem 1906 bei Reparaturarbeiten ausgelösten Brand wurde ein erneuter Wiederaufbau nötig, und noch ein drittes Mal, nach den schweren Zerstörungen des Zweiten Weltkriegs, mußte St. Michaelis wiedererrichtet werden. Der «Michel» gilt heute als der bedeutendste protestantische Barockkirchenbau Norddeutschlands. Ein Erlebnis für jeden Hamburgbesucher ist der Blick vom 82 Meter hohen Turm auf die Neustadt, den Hafen und die Innenstadt, die westlichen und nördlichen Vororte.

St. Nikolai, 1195 als Kapelle erbaut, wurde im 13. und 14. Jahrhundert zur Hallenkirche aus Backstein ausgebaut, jedoch 1842 beim Brand der Stadt zerstört. In der Nähe des alten Standortes ließ der englische Architekt Georg Gilbert Scott die Kirche von 1846 bis 1874 in neugotischem Münsterstil wiedererrichten. (Dem Neubau war ein Wettbewerb vorausgegangen, den der Dresdner Baumeister Gottfried Semper gewonnen hatte, dessen Plan aber von weiten Kreisen abgelehnt worden war.) Der Turm des Neubaus war 145 Meter hoch und damit nach Ulm und Köln der dritthöchste Kirchturm Deutschlands. Im Zweiten Weltkrieg vernichteten Luftangriffe Chor und Kirchenschiff, der Turm brannte aus. Seine Ruine und Mauerreste der Kirche sind heute Mahnmal und Gedenkstätte für die 55 000 Opfer der Luftangriffe auf Hamburg. Im Turmdurchgang befindet sich ein Mosaik mit einer Kreuzigungsgruppe nach einer Zeichnung von Oskar

Fortsetzung Seite 83

Blick auf den Hafen von der Köhlbrandbrücke aus.

Barkassen und Schlepper an der Überseebrücke.

VORSETZEN
Hafenrundfahrt
TRAVE

DAS TOR ZUR WELT

Einen Welthafen nennen die Hamburger ihren Hafen, und aus ihren Worten klingt Stolz auf das, was Hamburger Kaufleute und Reeder im Laufe der Jahrhunderte geschaffen haben: einen Hafen von 87 Quadratkilometern Fläche, der siebzig Hafenbecken für See- und Flußschiffe hat. Er ist der größte deutsche Seehafen, der zweitgrößte Containerhafen Europas.
Im Hafen, der sich mehr und mehr zu einem Logistik- und Verteilungszentrum mit vielen Dienstleistungen entwickelt, arbeiten längst nicht mehr riesige Dampfkräne. Im Computerzeitalter haben elektronisch gesteuerte «Stahlgiganten» die Arbeit übernommen.
Die gut ausgebaute Technik und Organisation hat Hamburg den Ruf eines schnellen, eines Universalhafens eingetragen; hier werden rund um die Uhr Waren aller Art gelöscht, geladen oder verladen, sortiert, verpackt oder ausgezeichnet.
Hamburgs ältester Hafen lag nicht an der Elbe, sondern bei der etwa 832 entstandenen «Hammaburg», der Urzelle Hamburgs. Es handelte sich dabei um ein kleines Gewässer, das spätere, 1877 zugeschüttete Reichsstraßenfleet, dessen Wasser aus der Bille kam. Zu dieser Zeit wurde hauptsächlich mit Getreide gehandelt.
Die offizielle Geschichte des Hafens beginnt 1189. In diesem Jahr sicherte ein Freibrief Kaiser Friedrich Barbarossas den Hamburgern die Zoll- und Abgabenfreiheit auf der Unterelbe zu. Die Unterschrift soll allerdings eine Fälschung sein: Friedrich Barbarossa hatte den Freibrief zwar vorbereitet, konnte ihn aber nicht mehr unterzeichnen, weil er sich 1189 auf einen Kreuzzug begab und dabei 1190 ums Leben kam. Die Hamburger haben dann 1265 die Absicht für die Tat, die Vorbereitung für die Vollendung genommen und den Freibrief selbst unterschrieben und zurückdatiert. Seit dieser Zeit gilt der 7. Mai 1189 als offizielle Geburtsstunde des Hafens. Jedes Jahr erinnern sich die Hamburger an dieses Datum, indem sie um den 7. Mai den Hafengeburtstag feiern. Hafenveranstaltungen mit Volksfestcharakter erinnern an die Unterzeichnung des Freibriefs. Einen Höhepunkt erlebte dieses Fest 1989, als der achthundertjährige Geburtstag gefeiert wurde.
Der damalige Hafen lag am Nikolaifleet. Das Kernstück des Hafens heute ist der Freihafen, den Hamburgs Kaufleute und Reeder 1888 beim Zollanschluß der Stadt an das Deutsche Reich in langen und zähen Verhandlungen durchsetzten. Gewiß war Hamburgs geographische Lage ein Glücksfall besonderer Art. Sein Hafen entstand 120 Kilometer von der Nordseeküste entfernt am Nordrand eines Stromspaltungsgebietes, dessen flache Inseln sich bis in die Gegenwart als ideales Hafenerweiterungsgebiet erwiesen haben. Die Flutwelle des Meeres bewirkt noch in Hamburgs Hafen einen Tidenhub von zwei bis drei Metern, genug, um zu nützen, nicht so viel, um die Probleme des Strom- und Hafenbaus zu komplizieren.
Ehe Johannes Dalmann (1823–1875), ein gebürtiger Lübecker, Ingenieur und seit 1864 Wasserbaudirektor, «Begründer des modernen Hafens Hamburg» werden konnte, waren wichtige Vorstufen der Hafenentwicklung zu bewältigen. Schon bald nach den Befreiungskriegen hatten sich die Hafenanlagen als unzureichend erwiesen. Die Mehrzahl der Schiffe mußte im Elbestrom ankern oder lag an

Ein Dampfer beim Kornlöschen (oben), ein alter Hafenkran mit einer Tragfähigkeit von 800 Zentnern am Grasbrookkai (unten).

den «Pfählen». Gelöscht und geladen wurde, zeitraubend und umständlich, mit Hilfe von Leichtern. Die Zahl der festen Liegeplätze war gering. Der Bedarf an neuen Hafenbecken, neuartigen Kais, Schuppen und technischen Fazilitäten war nicht mehr zu übersehen. Die Bodenreserven in Stadtnähe, also am nördlichen Ufer der Norderelbe, mochten gewiß unzureichend sein. Doch es kam dennoch notwendig zu den bekannten Grasbrook-Projekten, denen sich die neugeschaffene Hafenbaubehörde annahm.
Im Zusammenhang damit entstand dann in acht Jahren der größte geschlossene Speicherkomplex der Welt. Er steht auf Tausenden von Eichenpfählen – bisher mußte keiner erneuert werden – und gehört unter dem Namen Speicherstadt zu den architektonischen Sehenswürdigkeiten Hamburgs.
Nun entstand neben der neuen Speicherstadt in rascher Folge ein modernes Hafenbecken nach dem anderen. 1850 waren erst 286 Schiffe mit 62 000 NRT registriert. Um 1900 segelten und dampften unter hamburgischer Flagge bereits 726 Einheiten mit rund 900 000 NRT, woraus das rasche Ansteigen der Schiffsgrößen abzulesen ist. 1910 erreichte ihre Zahl 1329 bei 1,6 Millionen NRT. Bis über die Jahrhundertwende hinaus gab es die Herrlichkeiten der Laeisz'schen Großsegler der legendären «Flying P. Line», die mit stählernem Schiffsrumpf, stählerner Takelung und schier unverwüstlichen Stahlmasten auf ihren großen Fahrten um das Kap Hoorn der Dampfschiffkonkurrenz Paroli boten.
Unvergessen in der Geschichte des Hafens ist Albert Ballin, der Generaldirektor der «HAPAG». Er ließ Passagierdampfer als Schnelldampfer bauen, mit doppelten Schiffsschrauben, für den raschen Liniendienst. Er sicherte den Seefrachtendienst weitschauend ab durch ein sehr bald fast alle Küsten und Kontinente umfassendes Netz enger Schiffsverbindungen und wurde in internationalen Verhandlungen zum Bahnbrecher fortschrittlicher «Pools». Neben ihm und seiner «HAPAG», die sich vor dem Ersten Weltkrieg eine unangefochtene Spitzenposition erarbeitete, entfalteten sich die anderen großen Aktienreedereien: Die Hamburg-Süd (Brasilien, Argentinien), die Deutsche Dampfschiffahrtsgesellschaft «Kos-

Die Hafensilhouette im Abendlicht (oben), ein Frachtschiff mit Schlepper (unten).

mos» (Westküste Amerikas), die Deutsch-Australische Dampfschiffahrtsgesellschaft mit Zielhäfen in Niederländisch-Indien und Australien, zwei Afrika-Linien, die Deutsche Levante-Linie und viele andere Reedereien. Ihr Aufstieg gab auch den Schiffswerften des Hafens Hamburg starke Impulse, bis hin zum Bau der großen Luxusschiffe der «Imperatorklasse».
Noch um die Jahrhundertwende war der Hamburger Überseehafen mit seinen Zubringern aus der Binnenschiffahrt von der Elbhöhe aus übersehbar. Heute ist der Hafen Hamburg mit all seinen Erweiterungsbauten mit menschlichen Augen nur noch aus der Vogelschau, aus dem Flugzeug also, zu erfassen. Wer vom Stintfang südwärts blickt oder sich auf die schwimmenden St.-Pauli-Landungsbrücken – sie wurden 1910 eingeweiht – be-

Der Dampfer «Hamburg» (oben), die Reeder Albert Ballin (links) und Carl Heinrich Laeisz (rechts).

gibt, um den pulsenden Verkehr am Weltschiffahrtsweg der Norderelbe mit seinen Docks und Werften hautnah zu erleben, sieht im Grunde nur die der Stadt zugewandte «Schauseite» des Hafens. Dahinter dehnen sich einige tausend Kilometer Kaimauern, Hafenbahnen und einige hundert Quadratkilometer Hafenareal, See- und Binnenhafenbecken, Mineralöl-Raffinerien, Ölmühlen, gewaltige Industrieunternehmungen wie die Norddeutsche Raffinerie, eine Kupferhütte, fern von allen Kupferbergwerken. Um den Verkehr zum und am Hafen reibungslos ablaufen zu lassen, mußten Brücken gebaut werden wie die beiden Norderelbbrücken, die Kattwykhub-, die Rethubbrücke und die markante, nur für Kraftfahrer zugelassene Köhlbrandbrücke. Ebenso wurde als kürzeste Verbindung zwischen St. Pauli und dem Elbufer in Steinwerder von 1907 bis 1911 der 426,5 Meter lange St.-Pauli-Elbtunnel, den auch Fußgänger und Radfahrer benutzen können, geschaffen. Der neue Elbtunnel, die sechsspurige Autobahnunterführung der Norderelbe, wurde zwischen 1968 und 1975 erbaut und ist mit 3,3 Kilometern Länge der zweitlängste Unterwassertunnel der Welt. Auf dem Hafengelände liegen 683 Kilometer Eisenbahngleise, drei Hauptbahnhöfe sind die Knotenpunkte der Hafenbahn.
Der Fischereihafen Altona ist das Zentrum des deutschen Fischimports und ist durch einen 920 Meter langen Eisenbahntunnel an das Netz der Deutschen Bundesbahn angeschlossen. Eine Attraktion im Hafen ist der allsonntägliche Fischmarkt, ein seit 1703 bestehender Treffpunkt zwischen den Landungsbrücken und der Elbstraße. Hier werden nicht nur fangfrischer Fisch, sondern auch Blumen, Obst, Gemüse, Kleintiere und Pflanzen verkauft. Es ist ein Markt mit Volksfestcharakter, der viele Besucher aus der Stadt und von auswärts anzieht. Rundherum sind während der Marktzeiten sämtliche Kneipen geöffnet.
Eine Erinnerung an die alten Zeiten der Schiffahrt ist die «Cap San Diego», ein ehemaliges Frachtschiff, das in Neumühlen zu besichtigen ist, ebenso der 1896 erbaute Großsegler «Rickmer Rickmers» an den St.-Pauli-Landungsbrücken. Am Fähranleger Neumühlen befindet sich auch der besonders malerische Museumshafen Övelgönne, der Liegeplatz restaurierter alter Fracht-, Fischerei- und Spezialschiffe.
Bei einer Beschreibung des Hafens darf eines nicht vergessen werden: St. Pauli, das berühmteste Vergnügungsviertel der Welt, in dem wiederum die sechshundert Meter lange Reeperbahn – die wohl populärste Straße Hamburgs – mit Sex-Shows, einem Spielkasino, vielen Restaurants und den unterschiedlichsten Kneipen, Musikclubs aller Art aufwartet, aber ebenso mit dem Operettenhaus. Auch Deutschlands wohl bekannteste Polizeiwache, die Davidswache, liegt in St. Pauli. Auf der Nordseite der Reeperbahn lädt das populäre «Café Keese» mit seinem Ball paradox zu einem Besuch ein, und am Spielbudenplatz, dicht bei der Reeperbahn, steht das 1879 gegründete Panoptikum, das einzige Wachsfigurenkabinett der Bundesrepublik mit mehr als hundert Persönlichkeiten aus Geschichte, Politik und Showgeschäft. Die Straße Große Freiheit – der Name wird oft mißverstanden – wurde nach der gleichnamigen Straße in Altona benannt, zu dem sie bis 1937 gehörte. Ihr Name bezieht sich auf die – anders als in Hamburg – dort von alters her gewährte Gewerbefreiheit.

Rechts: Heimkehrende Arbeiter bei der Fährbrücke Steinwerder (oben), schwimmende Zollhäuser am Brooktorkai (unten).

Die Köhlbrandbrücke verbindet den östlichen mit dem westlichen Teil des Hafens.

Kokoschka. Auf einer Tafel gegenüber stehen die Worte: «Tue deinen Mund auf für die Stummen und für die Sache aller, die verlassen sind.»

St. Petri ist die älteste der fünf Hauptkirchen Hamburgs. Der Ursprung des mehrschiffigen Backsteinbaus aus dem 14./15. Jahrhundert war vermutlich eine vor 1050 errichtete Kapelle, 1195 als Marktkirche erwähnt. Die Kirche, die durch den Brand von 1842 zerstört worden war, wurde als neugotischer Backsteinbau nach mittelalterlichem Vorbild 1844 bis 1849 wiedererrichtet. Mit dem Wiederaufbau wurden Alexis de Chateauneuf und Hermann Peter Fersenfeldt beauftragt. Im Innern zeigt ein Modell unter Glas die Kirche im Zustand vor 1842. Ein 1342 aus Bronze gegossener Türzieher mit Löwenkopf konnte 1842 aus dem Brandschutt geborgen werden; er zählt zu den ältesten erhaltenen Kunstwerken Hamburgs und ist an der linken Tür des Westportals des Haupteingangs angebracht. Jahrhundertelang war die Kirche im Besitz eines Altars von Meister Bertram. 1731 wurde der Altar der Kirche in Grabow zum Geschenk gemacht, weil diese einige Jahre zuvor ausgebrannt war. Vor dem Brand von 1842 war der Altar dadurch zwar gerettet, galt aber lange als verschollen. Alfred Lichtwark machte ihn mit Hilfe von Archivalien ausfindig und erwarb ihn 1903 für die Hamburger Kunsthalle. In einer Nische der äußeren Apsis von St. Petri erinnert eine Bronzestatue von 1979 an den Theologen Dietrich Bonhoeffer, der kurz vor Kriegsende im Konzentrationslager Flossenbürg ermordet wurde.

Bauten

Eines der berühmten Kontorhäuser Hamburgs ist das **Afrikahaus** an der Großen Reichenstraße 27. Die Architekten Martin Haller und Hermann Geißler bauten das Haus 1899 bis 1900 für die Reederei Carl Woermann. Nicht nur der Name des Hauses, der in goldenen Lettern über dem Torbogen zu lesen ist, verweist auf die Ziele der Schiffahrtsgesellschaft, die Ost- und Westküste Afrikas. Am Eingang des Vorderhauses, dessen Front mit blau-grünen Kacheln verkleidet ist, befinden sich eine Palme und die lebensgroße Figur eines Afrikaners. Ein zweites Portal im Hof am hinteren Flügel des Gebäudes wird von zwei großen Elefanten geschmückt.

Venezianisches Flair verbreiten die **Alsterarkaden**, die 1842 bis 1843 von Alexis de Chateauneuf erbaut wurden.

Ein Museum ganz besonderer Art – der Museumshafen in Övelgönne (oben und unten), in dem außer dem Feuerschiff «Elbe 3» rund zwanzig restaurierte Transport- und Fischereischiffe besichtigt werden können.

«Stahlriese» – ein Hafenkran am Rüstungskai.

Hafen- und Stadtansicht (oben), ein Containerschiff (unten).

St. Pauli ist kein reines Vergnügungsviertel, sondern auch eine Wohngegend, hier ein Straßenzug am Pinnasberg.

»Elbe-Hauptbahnhof« der Passagierschiffe werden die St.-Pauli-Landungsbrücken auch genannt. Von hier aus starten die romantischen Hafenrundfahrten.

Hier unter den weißen Rundbögen kann man sich im Arkaden-Café erholen und den herrlichen Blick auf das Rathaus und die Kleine Alster genießen.
Am Adolphsplatz erhebt sich der monumentale Gebäudekomplex der Hamburger **Börse** mit seinem klassizistischen Mittelbau, dem Ost- und dem Westflügel. Er wurde im Zweiten Weltkrieg stark beschädigt und 1947 bis 1961 wiederhergestellt. Gegründet wurde die Börse 1558, zunächst als Platz unter freiem Himmel. Zwanzig Jahre später wurde auf dem angrenzenden Platz ein Haus gebaut, das mit einer offenen Säulenhalle im Erdgeschoß die Börsenbesucher vor der Unbill der Witterung schützte. Das Gebäude selbst, ein zweistöckiges Holzhaus, entstand im Auftrag der Tuchhändler. Im Zuge der Entwicklung wurde, auch weil die alte Börse inzwischen baufällig geworden war, ein Neubau notwendig, und Stadtbaumeister Carl Ludwig Wimmel und sein Mitarbeiter Franz Gustav Forsmann errichteten ein neues Haus für die Börse. Beim Großen Brand 1842 wurde das Bauwerk durch den mutigen und lebensgefährlichen Einsatz von Bürgern gerettet. 1856 wurde der erste, freistehende Ergänzungsbau, der Ostflügel, mit einem zweiten Börsensaal fertiggestellt. 1880 bis 1884 entstand am Alten Wall der Westflügel. Die Börse, im Zweiten Weltkrieg stark zerstört, wurde 1947 bis 1961 wiederhergestellt. Rathaus und Börse sind durch Anbauten miteinander verbunden.
Einen interessanten Blickfang bildet das **Chilehaus**, ein von 1922 bis 1924 von Fritz Höger errichteter Backsteinbau, der vom Deichtorplatz aus gesehen wie ein riesiger Schiffsbug wirkt. Die mit stabartig vorspringenden Klinkern vertikal gegliederte Fassade erinnert an die Architektur der Gotik. Das Haus gehört zum Kontorhausviertel, das südlich der Steinstraße liegt. Als Höger, oft als »Klinkerstricker« bezeichnet, das Chilehaus errichtete, war die Backsteinbauweise, vor allem die mit den besonders stark gebrannten Klinkern, auf ihrem Höhepunkt. Klinker werden aus einem Ton gebrannt, der arm an Kalk, aber reich an Eisen ist. Beim Brennen entwickelt sich dann je nach Stärke des Eisengehalts die rötliche, graue oder bläuliche Glasur. Das Chilehaus wurde für den Überseekaufmann Henry B. Sloman errichtet, dessen große geschäftliche Erfolge auf dem Handel mit Chile-Salpeter beruhten. Zum Kontorhausviertel gehören aber auch der Mohlenhof, der Montanhof, das Ballinhaus am Meßberg und vor allem der Sprinkenhof. Er ist noch gewaltiger als das Chilehaus und entstand 1928 bis 1943 nach den Plänen Fritz Högers und der Brüder Hans und Oscar Gerson. Höger verzierte die Fronten mit »Kordeln« aus Ziegelstein, die sich netzartig um die Fenster legen. Dazwischen sind in regelmäßigen Abständen Schmuckziegel mit Emblemen verteilt.
Ein Gang durch die **Colonnaden** ist ein Gang durch die Gründerzeit, denn in dieser Zeit, von 1876 bis 1878, wurde die Straße einheitlich mit aufwendigen Etagenhäusern im Stil der Neorenaissance bebaut. Die Bauten sind fast unverändert erhalten; die Straße, die seit Mitte der siebziger Jahre Fußgängerzone ist, steht als Gesamtanlage unter Denkmalschutz.
In der **Deichstraße** (1304 erstmals erwähnt) steht ein geschlossener Komplex althamburgischer Kaufmannshäuser aus dem 17. und 18. Jahrhundert, der ein sehr anschauliches Bild vom »alten Hamburg« vermittelt. Hier begann 1842 der Große Brand. Daran erinnert der Name des Restaurants »Zum Brandanfang«. In den restaurierten Häusern der Deichstraße gibt es gute und gemütliche Restaurants mit Althamburger Atmosphäre. Am Ende der Deichstraße, wo das Nikolaifleet in den Binnenhafen mündet, befindet sich die Hohe Brücke aus dem Jahr 1260.
Die **Einkaufspassagen** oder **-galerien** sind eine Stadtlandschaft für sich und locken Tausende von Besuchern in die Innenstadt, in eine Einkaufsstadt unter Glas. Auf 40 000 Quadratmetern reihen sich mehr als 300 Boutiquen, Fachgeschäfte, Galerien, Restaurants, Cafés und auch Bierdörfer aneinander. Trockenen Fußes läßt sich so die halbe Innenstadt durchqueren. Die erste dieser Einkaufspassagen entstand 1968 bis 1971: die Alte Post an der Ecke Poststraße/Große Bleichen. 1974 folgte die Landesbank-Galerie, eine elegante Passage zwischen der Spitalerstraße und dem Gerhart-Hauptmann-Platz auf zwei Ebenen. So richtig in Mode kamen die Passagen nach 1975, als nacheinander die Gerhof-Passage, das Kaufmannshaus, der Hamburger Hof, die Gänsemarkt-Passage und die Galleria entstanden. Im Frühjahr 1990 kam dann der Bleichenhof hinzu. Besonderer Reiz dieser Einkaufspassagen ist ihre unmittelbare Nähe zueinander. Der Bleichenhof beginnt am Eingang Große Bleichen mit dem »Café Entrée«, und am anderen Ende sind gleich drei Lokale.
Geschlossene alte Bebauung findet sich in der Peterstraße mit dem original-

Der alte Elbtunnel: Außen- (oben) und Innenansicht (unten).

Auf dem Fischmarkt in Altona wird der Fisch direkt vom Kutter verkauft.

An eine Kirche erinnert die im letzten Jahrhundert erbaute Alte Fischauktionshalle am Fischmarkt in Altona.

getreu restaurierten Beylingstift von 1751, in dem die Johannes-Brahms-Gedenkräume zu besichtigen sind, im Bäckerbreitergang mit Fachwerkhäusern aus dem 18./19. Jahrhundert und in der Reimerstwiete. Die Krameramtswohnungen am Krayenkamp zeigen die letzte erhaltene geschlossene Hofbebauung aus dem 17. Jahrhundert.
Eigentlich heißt er **Heinrich-Hertz-Turm**, der «Tele-Michel», wie die Hamburger ihren Fernsehturm in Anlehnung an den «Michel» nennen. Er steht an der Nordspitze des Wallring-Parks und ist mit einer Höhe von 271,50 Metern (mit Antenne) der höchste Turm der Hansestadt. Die Deutsche Bundespost erbaute ihn 1965 bis 1968 als Fernmeldeturm. Sein konischer Betonschaft endet 204 Meter über dem Erdboden. In einer Höhe von 128 bis 132 Metern befindet sich eine doppelgeschossige Aussichts- und Restaurantkanzel. Über der Aussichtskanzel findet man das Skyline-Turm-Restaurant, das sich in einer Stunde einmal um 360 Grad dreht. Von der Aussichtsplattform bietet sich dem Besucher ein herrlicher Rundblick über ganz Hamburg mit Alster, Elbe und Hafen und weit hinein nach Niedersachsen und Schleswig-Holstein.

Eine der imposantesten Brücken der Hansestadt, wenn auch nicht direkt im Zentrum gelegen, ist die 1974 vollendete **Köhlbrandbrücke**, die die erste Landverbindung zwischen den westlichen und den östlichen Hafenteilen herstellte. Vorher hatte der seeschifftiefe Köhlbrand den Hafen an dieser Stelle getrennt. Mit Zu- und Abfahrtsrampen hat die Köhlbrandbrücke eine Länge von 3,9 Kilometern. Kernstück des Bauwerks ist eine 520 Meter lange Stahlbrücke, die an 88 Stahlseilen aufgehängt ist. Die Schifffahrtsöffnung ist 325 Meter breit und bei Niedrigwasser 54 Meter hoch. Sie ermöglicht daher auch sehr großen Massengutfrachtern die Durchfahrt. Die beiden tragenden Pylonen haben eine Höhe von 135 Metern (fast so hoch wie der Turm des «Michels»). Jeder Pylon ist durch 48 Beton-Großbohrpfähle mit einem Durchmesser von 1,30 Metern gesichert. Für die 75 Pfeiler und Widerlager der vierspurigen Fahrbahn mußten insgesamt 1700 Pfähle in die Erde gerammt werden. Die Köhlbrandbrücke ist nur dem Kraftfahrzeugverkehr vorbehalten. Doch einmal, im Jahr 1974, bevor sie dem Verkehr übergeben wurde, durften die Fußgänger sie drei Tage lang benutzen.

Das **Rathaus** ist das sechste in Hamburgs Geschichte. Sein Vorgänger war beim Großen Brand 1842 gesprengt worden, um das Feuer durch eine Bresche aufzuhalten. 1886 bis 1897 entstand das jetzige Rathaus nach den Plänen einer Architektengemeinschaft unter Martin Haller. Es wurde im Stil der deutschen Renaissance errichtet und hat mehr als 600 Räume. Für die Gründung des Baus, der auf einer einen Meter starken Betonplatte steht, mußten 4000 Pfähle in den von vielen Wasserläufen durchzogenen Untergrund eingerammt werden. Das Rathaus, Sitz des Senats und der Bürgerschaft, ist kein reiner Verwaltungsbau, sondern hat viele, sehr reich ausgestattete Repräsentationsräume, die im Geschmack der Jahrhundertwende ausgestattet sind: mit Ledertapeten mit Goldeinlage, mit Marmorkaminen, Säulen aus Onyx und großen Kandelabern. Der große Festsaal besitzt eine reich vergoldete Kassettendecke, die Wände sind mit historischen Fresken geschmückt. Von der Diele des Rathauses gelangt man in den Ehrenhof, der von den Seitenflügeln des Rathauses und der Rückseite der Börse umrahmt wird. Hier steht der Hygieia-Brunnen, dessen Bronzefiguren der Münchner Bildhauer Joseph von Kramer 1895 bis 1896 schuf. Ursprünglich sollte der Brunnen Merkur, dem Gott des Handels, gewidmet werden. Während der Bauzeit brach die große Choleraepidemie aus. Dieser Cholerasommer 1892 machte eindringlich klar, daß es an sauberem, gefiltertem Trinkwasser und an einer Kanalisation mangelte. So wurde der Brunnen der Hygieia, der Göttin der Gesundheit, geweiht.

Kunst und Kultur

Die Freie und Hansestadt Hamburg besitzt über dreißig Museen, von denen hier nur die wichtigsten erwähnt werden können.

Die großen staatlichen Museen

Unmittelbar neben dem Hauptbahnhof befindet sich die **Hamburger Kunsthalle**. Sie wurde im Stil der italienischen Renaissance erbaut und 1914 bis 1921 durch einen Anbau erweitert. Ursprung des Museums ist die vom Kunstverein 1850 eröffnete «Öffentliche Städtische Galerie». Aus dem Jahr 1869 stammt der Backstein-Altbau. Mit dem Neubau wurde gegen Ende der Amtsperiode von Alfred Lichtwark, der von 1866 bis 1914 Direktor der Kunsthalle war, begonnen. Besonders unter seiner Leitung erwarb das Museum viele Kunstschätze, da Lichtwark sich sehr für die kulturelle Förderung der Hansestadt einsetzte.

Das Ergebnis ist eine bemerkenswerte Sammlung, die die Malerei vom Mittelalter bis zur Gegenwart umfaßt. Man findet hier sowohl Werke von Meister Bertram und Meister Francke als auch von Rembrandt, Goya, Menzel, Philipp Otto Runge, Caspar David Friedrich, Manet, Liebermann, Kokoschka, Kirchner, Picasso, Beckmann und vielen anderen mehr.

Daneben sind eine sehr bemerkenswerte Plastiksammlung mit Stücken aus dem 19. und 20. Jahrhundert, ein Kupferstichkabinett und ein Münzkabinett zu bewundern.

Das **Museum für Kunst und Gewerbe** (am Steintorplatz), das auf die Initiative von Justus Brinckmann und der «Patriotischen Gesellschaft» entstand, wurde 1877 eröffnet. Es bietet einen Überblick über das europäische Kunsthandwerk vom Mittelalter bis zur Gegenwart. Seinem ersten Direktor Justus Brinckmann hat das Museum die bemerkenswerte Jugendstilsammlung zu verdanken. Besonders hervorzuheben ist das «Pariser Zimmer», das Brinckmann auf der Pariser Weltausstellung von 1900 erwarb.

Das **Museum für Hamburgische Geschichte** in einem Gebäude (am Holstenwall), das selbst Geschichte ist, veranschaulicht Ursprung und Entwicklung der Hafenstadt an Hand von vielen Modellen. Ob die Diele eines Kaufmannshauses aus dem 17. Jahrhundert, ob die Reeperbahn, die hier als das gezeigt wird, was sie ursprünglich war, Arbeitsplatz der Reepschläger, der Seil- und Taumacher – alles spiegelt Hamburgs Geschichte wider, auch das große Holzmodell des Salomonischen Tempels. Gerhard Schott, Begründer der Hamburger Oper, ließ das Modell im 17. Jahrhundert nach biblischen Beschreibungen bauen.

Das **Museum für Völkerkunde** (in der Rothenbaumchaussee) bietet mit historischen und zeitgenössischen Dokumenten einen Überblick über afrikanische, amerikanische, asiatische und europäische Kulturen. Berühmt und interessant ist die Melanesien- und Mikronesiensammlung von Georg Thilenius, der zu Beginn des 20. Jahrhunderts Direktor des Museums war.

Im Westen der Stadt liegt das **Altonaer Museum**, Norddeutsches Landesmuseum. Seine Sammlungen umfassen die Kulturgeschichte Norddeutschlands vor allem in Landwirtschaft, Fischerei und Schiffahrt, außerdem Handwerk und

Hamburg zählt zu den größten Import- und Transithäfen für Fische und Fischerzeugnisse in Europa. Immerhin werden hier jährlich etwa 160 000 Tonnen Fisch und Fischware im Wert von über 700 Millionen DM umgesetzt (oben und unten).

Jedes Jahr am zweiten Maiwochenende wird der Hafengeburtstag gefeiert.

HEDI
PETER II

Der bunte Stadtteil St. Georg: Hier findet man nicht nur Vergnügungsetablissements, sondern auch gemütliche Kneipen, Künstlerateliers und kulturelle Zentren wie das Hamburger Schauspielhaus und das Museum für Kunst und Gewerbe.

Dreimal im Jahr, im Frühling, Sommer und Winter, findet der «Dom», Hamburgs berühmter Jahrmarkt, auf dem Heiligengeistfeld statt. Vier Wochen lang drehen sich die Karussells.

Kunsthandwerk. Zu sehen sind die mit der Schiffahrt verbundenen Handwerke, die Stadtgeschichte Altonas, eine große Sammlung von Galionsfiguren aller Segelschiffe, von niederländischen Fliesen und schleswig-holsteinischen Fayencen. Das Museum beherbergt außerdem eine der umfangreichsten Trachtensammlungen Norddeutschlands und eine große Kinderspielzeugabteilung. Puppenstuben vermitteln ein anschauliches Bild vom Leben früherer Generationen.

Das **Hamburger Museum für Archäologie und die Geschichte Harburgs** (Helms-Museum) geht zurück auf den von Senator August Helms gegründeten «Museumsverein für den Stadt- und Landkreis Harburg». Das erste Gebäude von 1925 stifteten seine Söhne. 1937 übernahm die Stadt Harburg das Museum und begann 1972 mit dem Ausbau zum Hamburger Museum für Archäologie und die Geschichte Harburgs. Die Sammlung zeigt Ergebnisse von Ausgrabungen und Forschungen im Harburger Gebiet. Ein 22 Meter langes Diorama stellt die gleiche Landschaft und ihre Veränderung durch den Menschen über einen Zeitraum von 250 000 Jahren dar. Die Schiffahrtsabteilung befaßt sich mit Booten der Vorwikingerzeit. Ebenfalls zum Helms-Museum gehört ein interessanter archäologischer Wanderpfad in der Fischbeker Heide. Er führt durch ein Gräberfeld vieler vorgeschichtlicher Epochen.

In einer ehemaligen Fabrik, in der «Hamburg-New Yorker Gummiwaren Compagnie» in Barmbek ist das **Museum der Arbeit** untergebracht. Es bietet einen Einblick in die Arbeitswelt von einst mit Satz und Druck, Metallbearbeitung und Webstühlen aus einem Familienbetrieb.

Weitere Museen

Das **Alstertalmuseum**, ein Heimatmuseum, ist im Torhaus des ehemaligen Gutes Wellingsbüttel untergebracht. Das Torhaus, ein schöner Fachwerkbau, stammt aus dem Jahr 1759 und zeigt im Ostflügel die Geschichte des Alsterraumes. An Hand von Schleusenmodellen wird demonstriert, wie die Alster schiffbar gemacht wurde, und man erfährt von einem 1529 geschaffenen Kanal zwischen Alster und Trave, einer schiffbaren Verbindung nach Lübeck. Ausgestellt sind auch vorgeschichtliche Funde aus der Lemsahler Heide.

Ende der achtziger Jahre wurde in den **Deichtorhallen** ein neues großes Kunstzentrum eröffnet. Da 1962 der Großmarkt nach Hammerbrook verlegt wurde, hatten die Anfang des 20. Jahrhunderts errichteten Markthallen ihre Bedeutung verloren und standen leer. Einer privaten Stiftung, die die notwendigen Mittel bereitstellte, ist es zu verdanken, daß die Gebäude restauriert wurden. Mit einer großen internationalen Ausstellung zeitgenössischer Kunst im Winter 1989/1990 wurde das Gelände seiner neuen Bestimmung übergeben.

Electrum, das Museum der Hamburgischen Elektrizitätswerke HEW, das größte seiner Art in Deutschland, vermittelt in fünf Stockwerken ein eindrucksvolles Bild von Anwendung und Gebrauch der Elektrizität. Von der Glühbirne bis zum Elektrolyseverfahren, von der ersten Kaffeemaschine aus dem Jahr 1887 bis zur Entwicklung der Unterhaltungselektronik – demonstriert an einem großen Orchestrion – und den ersten volltransistorischen Digitalrechnern präsentiert sich der Siegeszug der Elektrizität. Gezeigt wird auch die Erzeugung von Strom. Die meisten Museumsstücke sind voll funktionsfähig und lassen sich per Knopfdruck in Bewegung setzen.

Eine Außenstelle des Altonaer Museums ist das **Jenisch-Haus** im Jenisch-Park in Othmarschen, den der Großkaufmann Caspar Voght Ende des 18. Jahrhunderts nach englischem Vorbild anlegte. Senator Johann Martin Nisch ließ hier 1831 bis 1834 ein Landhaus in klassizistischem Stil bauen. Das Haus ist im Erdgeschoß im Stil der Bauzeit eingerichtet, in den Obergeschossen wird ein anschauliches Bild der Wohnkultur des Großbürgertums von der Spätrenaissance bis zum Jugendstil vermittelt.

Seit 1955 eine Außenstelle des Museums für Hamburgische Geschichte ist das im Osten der Stadt gelegene **Museum für Bergedorf und die Vierlande** im Bergedorfer Schloß. Das Schloß selbst, ursprünglich als Wasserschloß errichtet, ist das größte Schaustück des Museums, das die Volkskunst der Vierlande und die Kulturgeschichte Bergedorfs und der Marschlande präsentiert. Sehr sehenswert ist das um 1900 als Amtsraum für die Hamburger Landesherren eingerichtete Landherrenzimmer. Die Burg Bergedorf, in der ursprünglich die Grafen von Orlamünde residierten, wurde von 1420 bis 1867 von den Hansestädten Hamburg und Lübeck gemeinsam verwaltet. 1867 kaufte Hamburg das Amt Bergedorf für die Summe von 200 000 preußischen Talern. Unter der Hamburger Landsherrenschaft besaß die Stadt ihre kommunale Selbständigkeit bis zur Eingemeindung 1937/38.

Fortsetzung Seite 98

Jazz-Frühschoppen in der »Fabrik« im Stadtteil Ottensen.

DER SCHÖNSTE RUNDGANG

In und um Hamburg gibt es natürlich viele schöne Spaziergänge. Will man aber etwas vom Werden der Stadt sehen, etwas vom hanseatischen Geist spüren, der aus der Hammaburg Ansgars die Freie Hansestadt werden ließ, geht man vom Hauptbahnhof zum Deichtorplatz und von dort auf das Kontorhausviertel zu.
Rechts liegt als riesiger Komplex der Sprinkenhof, geradeaus das Chilehaus. Die Fassade des Baus ist auf allen Seiten mit stabartig vorspringenden Klinkern vertikal gegliedert und erweckt den Eindruck einer gotischen Architektur. Fritz Höger, der seit 1905 in Hamburg wirkte, hat das Chilehaus 1922 bis 1924 erbaut. Er und der Baurat, später Oberbaurat, Fritz Schumacher leiteten zusammen die Backstein-Neorenaissance ein.
Nach diesem Blick auf die klassische Moderne, zu der auch der Mohlenhof, der Montanhof, das Ballinhaus am Meßberg und andere Gebäude des sehr sehenswerten Kontorhausviertels gehören, gelangt man auf der Ost-West-Straße gleich zu mehreren historisch interessanten Punkten. Linker Hand erhebt sich in der Nähe des Zippelhauses die aus dem 13. Jahrhundert stammende Kirche St. Katharinen.
Von St. Katharinen gehen wir die Straßen Bei den Mühren und Neuen Krahn bis zur Deichstraße, in der ein geschlossener Komplex althamburgischer Kaufmannshäuser aus dem 17. und 18. Jahrhundert steht und ein sehr lebendiges Bild vom «alten Hamburg» vermittelt. Von der Deichstraße ist es nicht weit bis zur Schaartorschleuse und dem Schöpfwerk. Die Schleuse leitet das Alsterwasser in die Elbe ab und ist zugleich Hochwasserschutzanlage. Wenn im Elbebereich Hochwasser herrscht, transportiert das Schöpfwerk das Elbewasser in die Alster.
Auf dem Rückweg zu St. Katharinen biegen wir beim Neuen Krahn in die Straße Auf dem Sande ein und betreten die Speicherstadt, die nach dem Zollanschluß Hamburgs an das Deutsche Reich gebaut wurde. Das Gebiet jenseits des Zollkanals wurde zur Freihafenzone erklärt.

Die Kirche St. Katharinen am Zollkanal (oben), der prachtvoll ausgestattete Innenraum von St. Michaelis (unten).

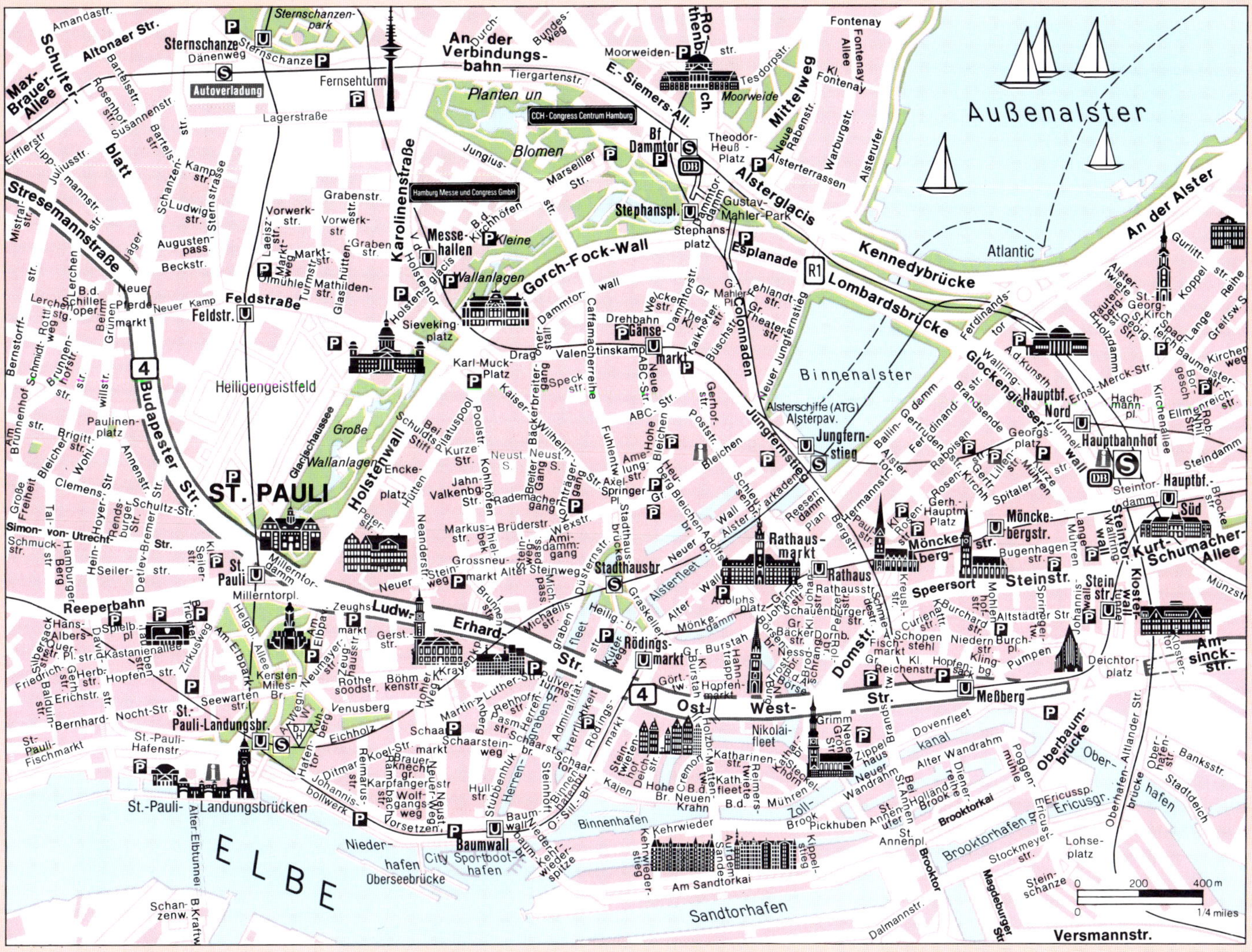

Von der Speicherstadt aus gehen wir an der Kirche St. Katharinen vorbei durch die Katharinenstraße zurück zur Ost-West-Straße und kommen an der Ostseite des unteren Nikolaifleets zur Zollenbrücke. Über das obere Nikolaifleet spannt sich die Trostbrücke. Zwei Denkmäler der Backsteinbaukunst sind hier zu finden, die die Luftangriffe des Zweiten Weltkriegs überstanden haben: der 1879 bis 1898 für die Reederei Laeisz erbaute Laeiszhof (Trostbrücke 1) und der von den Architekten Lundt und Kallmoryen errichtete Globushof (Trostbrücke 2).

Rechter Hand, St. Katharinen beinah gegenüber, erhebt sich die Kirche St. Nikolai. Wieder folgen wir der Ost-West-Straße und gelangen linker Hand zum Krayenkamp mit den Krameramtswohnungen. Die Wohnungen (Krayenkamp 10) zu beiden Seiten des langen Gangs stiftete 1676 das Krameramt für notleidende Kramerwitwen. Die Fachwerkhäuser wurden 1971 bis 1974 restauriert. Eine der Wohnungen beherbergt eine Außenstelle des Museums für Hamburgische Geschichte, gemütliche Lokale laden zur Einkehr ein.

Wenn wir weitergehen, erreichen wir Hamburgs Wahrzeichen, den «Michel», wie die Hamburger die Kirche St. Michaelis nennen. Jetzt biegen wir in den Holstenwall ein und erblicken rechts in der Peterstraße das originalgetreu restaurierte Beylingstift.

Vom Holstenwall führt unser Weg in den Valentinskamp, der an der Binnenalster zum Jungfernstieg wird, zu der 1665 auf dem Reesendamm angelegten Promenade, die den Namen Jungfernstieg erhielt, weil die Hamburgerinnen dort gern und oft spazierengingen. Vorher aber biegen wir in die Colonnaden ein, durchwandern sie und machen auf dem Rückweg einen Abstecher in den Neuen Jungfernstieg 18 zum Übersee-Club.

Weiter geht es auf dem Rückweg – vorbei am Alsterpavillon und an der Binnenalster – durch die Alsterarkaden zum Rathaus, das durch Anbauten mit der Börse verbunden ist. Ganz in der Nähe steht, dicht bei St. Petri, Hamburgs älteste Ruine: Im Keller Speersort/Kreuslerstraße befindet sich das Fundament des «Steinernen Hauses», das Erzbischof Bezelin Alebrand, der von 1035 bis 1043 in Hamburg lebte, zugeschrieben wird.

Wenn wir vor St. Petri stehen, stehen wir vor der ältesten der fünf Hauptkirchen Hamburgs. Von hier aus wenden wir uns zu St. Jacobi (Speersort/Steinstraße) und nähern uns dem Ausgangspunkt unseres Rundgangs. Ehe wir uns aber direkt auf den Weg zum Hauptbahnhof machen, schlendern wir durch die Mönckebergstraße. Sie ist Hamburgs «Einkaufsbroadway» und erinnert mit ihrem Namen an den Hamburger Bürgermeister Johann Georg Mönckeberg, in dessen Amtszeit Hamburgs berühmter Oberbaudirektor Fritz Schumacher 1906 die Grundlinien der heutigen «Mönckebergstraße» entwarf.

Der Hauptbahnhof, ein Großbahnhof, auf dem täglich mehr als 1700 Züge verkehren, ist ein beeindruckendes Bauwerk aus Glas, Stahl und Sandstein, das im Jahr 1906 eingeweiht wurde. Seine 35 Meter hohe Halle wurde Ende der achtziger Jahre durch eine neue Eingangshalle erweitert.

Über den Alsterdurchfluß, zwischen Binnen- und Außenalster, spannt sich die Lombardsbrücke.

In festlicher Dekoration präsentiert sich das Alsterhaus am Jungfernstieg in der Vorweihnachtszeit.

Buntes Treiben herrscht auf dem Weihnachtsmarkt, der jedes Jahr rund um die Petrikirche in der Mönckebergstraße stattfindet.

Das **Museumsdorf Volksdorf** im Norden der Hansestadt präsentiert die bäuerliche Kulturgeschichte der Walddörfer. Ziehbrunnen, Grützmühle und Stellmacherwerkstatt geben ein anschauliches Bild vom Leben in früheren Tagen.

Für alle Sternenfreunde ist das **Planetarium** im Norden der Stadt zu empfehlen. Das derzeit modernste Planetariumsgerät projiziert naturgetreu den Sternenhimmel auf die mit 21 Metern größte europäische Planetariumskuppel und bietet Raumfahrteffekte. Hier stehen der größte Mondglobus der Welt und nahezu alle Raketen und Satelliten im Modell.

Die **Schausammlung des Instituts für angewandte Botanik** gehört zu den Botanischen Instituten der Universität. Das ursprünglich als «Laboratorium für Warenkunde» entstandene Museum zeigt Pflanzen, die Nahrungs- und Genußmittel, Gewürze und Arzneien liefern, ebenso solche, die technisch genutzt werden. Ergänzt wird die Sammlung durch jahrhundertealte Arzneibücher.

Denkmäler

«Denkmäler sind schwierige Zeitgenossen» sagt Ursula Meyer-Rogge im Vorwort zum Wegweiser der Kulturbehörde, der in acht Rundgängen zu Kunst und Denkmälern in der Innenstadt führt, vom eigentlichen Denkmal des 19. und Anfang des 20. Jahrhunderts bis hin zu den Kunstobjekten unserer Tage. Der eingangs zitierte Satz umreißt und bestätigt Hamburgs Einstellung zu Personendenkmälern. Die Hanseaten sind Bürger, die das Ausstellen und Hervorheben von Personen für unangemessen, vielleicht sogar für unangebracht halten. So finden sich, obwohl es der Stadt niemals an bedeutenden und verdienten Persönlichkeiten fehlte, relativ wenig Standbilder.

An erster Stelle – seiner Größe wegen – ist das **Bismarck-Denkmal** im Elbpavillon zu nennen. Das Denkmal hat die beachtliche Höhe von 34,3 Metern. Der Architekt Emil Schaudt und der Bildhauer Hugo Lederer schufen 1901 bis 1906 die als «Roland» stilisierte Standfigur. Der Reichskanzler wurde in mittelalterlicher Rüstung, auf ein Schwert gestützt, verewigt. Der Koloß aus Schwarzwälder Granit erscheint um so verwunderlicher, als die Hamburger Bismarck angeblich nicht sehr gewogen waren.

Gleich mit drei Denkmälern erinnert Hamburg an seinen Ehrenbürger **Johannes Brahms**. Auf dem Karl-Muck-Platz vor der Musikhalle steht die 1981 von

Am Jungfernstieg, im Hintergrund die Türme von Rathaus und St. Nikolai.

Die Fassade des Mitte des 19. Jahrhunderts erbauten ältesten Teils der Hamburger Kunsthalle am Glockengießerwall.

Die Diele des Hildebrand-Hauses (am Neuen Wall 18) ist sehr kunstvoll mit Marmor- und Mosaikdekorationen und einem Stuckfries ausgestattet.

Maria Pirwitz geschaffene Plastik, mit dem die Bildhauerin dem Orchesterklang von Brahms Kompositionen nachspüren wollte. Hinter der Musikhalle aufgestellt ist der Kubus von Thomas Darboven. Er zeigt Bildnisse der verschiedenen Lebensalter des Komponisten. Zu guter Letzt befindet sich im Obergeschoß des Foyers das 1909 enthüllte Brahms-Denkmal von Max Klinger.

Das erste öffentliche Personendenkmal Hamburgs war der Obelisk für **Johann Georg Büsch**, den Mathematiker, Nationalökonomen und Mitbegründer der «Patriotischen Gesellschaft». Es wurde 1802 errichtet und steht seit 1984 auf der Moorweide zwischen Rothenbaumchaussee und Universität.

Eine längere Geschichte hat das **Heine-Denkmal** auf dem Rathausmarkt. Heines Verleger Julius Campe wollte in den zwanziger Jahren der Stadt ein Denkmal schenken, das er von Kaiser Wilhelm II. erworben hatte, der den Spötter nicht auf seiner Insel im Mittelmeer stehen haben wollte. Zuerst lehnte die Stadt ab, stellte das Standbild dann aber im Hof des Barkhofs auf. Es wurde jedoch immer wieder Ziel antisemitischer Angriffe und wurde daher 1926 in die Nähe des Heine-Hauses an der Elbchaussee in den Donners Park nach Altona umgesiedelt, 1939 mußte es nach Toulon «emigrieren». So erging es ihm ähnlich wie seinem Vorbild. Allerdings hatte der Senat 1926 beschlossen, kurz nachdem er Heine nach Altona abgeschoben hatte, sich ein eigenes Heine-Denkmal zu schaffen. Hugo Lederer führte den Auftrag aus. Aber das im Stadtpark errichtete Standbild wurde 1933 vom NS-Senat zerstört. Erst seit 1982 existiert ein neues Denkmal auf dem Rathausmarkt, das Waldemar Otto nach dem Lederer-Vorbild entwarf.

Wie viele andere Städte hat auch Hamburg sein Original – den **Hummel**. Der «Verein geborener Hamburger» ließ ihm im Jahr 1938 mit dem Hummelbrunnen ein Denkmal setzen. Dargestellt ist der Wasserträger Johann Wilhelm Bentz (1787–1854), auf den der Schlachtruf der Hamburger «Hummel, Hummel – Moors, Moors!» zurückgehen soll. Angeblich habe er den Kindern, die ihn mit den Worten «Hummel, Hummel!» verspotteten, mit der plattdeutschen Version des bekannten Götzzitats, «Moors, Moors!» geantwortet.

Am Gänsemarkt erhebt sich das Bronzedenkmal (1881) für **Gotthold Ephraim Lessing**, das von Friedrich Schaper konzipiert wurde. Ursprünglich wurde die

Sitzfigur in der Mitte des Platzes aufgestellt, so daß der Blick des Aufklärers und Dramatikers in Richtung seiner Wirkungsstätte, auf das alte Stadttheater, ausgerichtet war. Bei der Neugestaltung des Gänsemarkts 1885 bis 1886 erhielt das Denkmal einen neuen Standort in der Nähe der Gerhofstraße.

Von 1909 bis 1926 entstand anstelle des Altstadtviertels zwischen Spitaler- und Steinstraße die Mönckebergstraße. Hier wurde unter der Leitung Fritz Schumachers ein neues Geschäfts- und Kontorviertel geschaffen. Schumacher ließ an der Ecke Mönckebergstraße/Spitalerstraße den **Mönckebergbrunnen** errichten, als Widmung für den Bürgermeister Johann Georg Mönckeberg (1839 bis 1908), der das Stadtbauprojekt entscheidend gefördert hatte.

Das Büstendenkmal für **Johann Georg Repsold**, der Unternehmer und zugleich Erfinder und Hersteller nautischer und astronomischer Geräte war, den Gründer der Sternwarte, der eine Navigationsschule erbauen ließ und bei seinem Einsatz als Feuerwehroffizier ums Leben kam, dieses Denkmal hat seinen Platz auf der Rückseite des Museums für Hamburgische Geschichte gefunden. Das 1833 in Bronze und Granit errichtete Denkmal ist eines der frühesten Büstendenkmale in Deutschland.

Eine Erinnerung an das Mittelalter, an die Zeit der Kriege mit den Seeräubern, ist die monumentale Bronzestatue **Klaus Störtebekers**. Das 1982 am Brooktor bei der Magdeburger Brücke aufgestellte Denkmal schuf Hansjörg Wagner. Der Blick der an den Händen gefesselten Standfigur ist nach hinten, auf die Speicherstadt, gerichtet, als wolle er daran erinnern, daß er dort im Jahr 1400 enthauptet wurde.

Es mutet schon etwas seltsam an, daß die Hamburger 1898 beschlossen, **Kaiser Wilhelm I.** ein Ehrendenkmal vor dem Rathaus zu setzen, da sie sonst so sehr darauf bedacht waren zu betonen, daß ihre Stadt keinen Kaiser habe, sondern eine Stadt der Bürger sei. Es wurde ein Wettbewerb ausgeschrieben, den Carl Garbers und Ernst Barlach gewannen. Ihr Vorschlag wurde von Schilling bis 1903 verwirklicht. Aber schon im Jahr 1930 mußte das Denkmal – wie so oft in Hamburg – seinen Standort wechseln und wurde an den Sievekingsplatz versetzt. Von 1984 bis 1986 wurden dem Reiterdenkmal auch die allegorischen Figuren, die Verkörperung der Reichserrungenschaften und der Sozialgesetz-

Das Deutsche Schauspielhaus, Hamburgs »feinstes« Theater, residiert in einem prunkvollen, dem Barock nachempfundenen Gebäude in der Kirchenallee.

Ein besonderes Erlebnis für alle Kunstliebhaber – die Jugendstilabteilung des Museums für Kunst und Gewerbe.

THEATER

Verläßt der gerade angekommene Besucher den Hamburger Hauptbahnhof nicht zur stadtzugewandten Vorderseite hin, zum Glockengießerwall, sondern nach hinten, zur – übrigens genauso attraktiven – Kirchenallee, dann sieht er es vor sich stehen, hell leuchtend und imposant klassizistisch: das Hamburger **Deutsche Schauspielhaus**. Die Nummer eins unter dem rund ein Dutzend ernst zu nehmender Theater in der Hansestadt, ein Koloß nicht nur der äußeren Erscheinung nach. Dieser Theaterbau, 1890 eingeweiht, ist ein Haus der Rekorde, zumindest numerisch: Es gilt mit seinen rund 1 400 Sitzen als das größte Schauspielhaus Deutschlands. Aber dadurch gilt es auch als eines der am schwersten bespielbaren, schwankend zwischen höchster Qualität und tiefstem Tief vom Anfang seines Bestehens an.

Erbauen lassen hatten es Hamburger Bürger so, wie sie so vieles in der Kunst anzugehen pflegten: Als Quell der Freude für die Muße und für die eigenen Geldbeutel. Denn eigentlich sollte dieses Theater neben dem Lobpreis der Musen auch saftigen Gewinn einfahren – anders konnten sich die ehrbaren, im In- und Umland gern als «Pfeffersäcke» titulierten hanseatischen Kaufleute eine Investition auch auf kulturellem Gebiet gar nicht vorstellen. Aber wer jetzt die Nase rümpft, sollte bedenken: Hamburg war eine der ältesten demokratisch regierten Städte Deutschlands. Nie hatte es einen fürstlichen Herrscher geduldet; nie hatte es das freizügige Mäzenatentum regierender Häuser erfahren, die sich durch Erfolg in der Kultur eigenen dynastischen Ruhm erhofften. In der Hansestadt wurde alles hart erarbeitet, und das galt nicht nur für Hafen und Kontor, sondern eben

auch für das süßere Leben in der Freizeit. Doch das machte diese Stadt nicht zu einem Zentrum geldzählender Banausen. Auch hier wurde – und wird – Kultur inbrünstig geliebt, kritisiert, verteidigt, beschimpft und gehaßt. Aber irgendwie rechnet sie sich etwas anders als in andern Städten, ein bißchen doch nach dem Prinzip von Investition und Gewinn, das einem wertfreien, sich nur selbst verpflichteten L'art pour l'art mit höchstem Mißtrauen begegnet.

Hier liegt einer der Gründe, warum gerade im Hamburger Schauspielhaus die Leiter und Intendanten bisher so häufig wechselten, als sei das Haus eine Drehtür: Sie werden immer nur so lange geschätzt, wie sie offensichtlich erfolgreich sind. Kommen schwierige Phasen, kann sich die Liebe ihrer Geldgeber und Unterstützer über Nacht erst in kühle Distanz und dann in höchste Mißbilligung verwandeln. Und dieser Mißbilligung wird öffentlich und engagiert so lange Ausdruck verliehen, bis der Erfolg nicht ausbleibt: Wieder kommt ein neuer Intendant ins Haus.

Diese Regel galt für den Gründungsintendanten des Deutschen Schauspielhauses, den Wiener Theaterleiter Alfred von Berger, genauso wie für seine Nachfolger, darunter – so die bekannteren Namen aus der letzten Zeit – Egon Monk, Ivan Nagel, Peter Zadek. Sie galt sogar für Gustaf Gründgens, den überregional berühmtesten Leiter des «weißen Elefanten», wie das Theater auch ironisch bezeichnet wurde. Unter Gründgens erlebte das Hamburger Deutsche Schauspielhaus von 1955 bis 1963 vor allem in spielerischer Hinsicht eine Blütezeit, als Akteure wie Will Quadflieg, Hermann Schomberg, Elisabeth Flickenschildt zum festen Ensemble des Theaters gehörten.

Diesen Glanz hat es seitdem nicht mehr oder besser: selten erreicht. Aber nach wie vor gehört das Hamburger Schauspielhaus an die Spitze der deutschen Bühnen, ist ein Abend in dem sorgfältig restaurierten und allegorisch bemalten Zuschauerraum ein eigenes Erlebnis.

In idealer Konkurrenz zum Deutschen Schauspielhaus sieht sich das unweit davon, näher zur Binnenalster hin gelegene **Thalia-Theater**. Das «Thalia» (hamburgisch gerne auf der ersten Silbe betont) ist das älteste noch existierende Theater der Hansestadt, schon 1843 erbaut, seitdem – auch aufgrund von Bombenschäden – öfter umgebaut. Es ist kleiner, intimer, viel leichter bespielbar und vom Entwurf her anfangs eher den leichteren Musen geweiht. Aber diese Zeiten sind vorbei, heute unterscheiden sich die künstlerischen Programme von Schauspielhaus und Thalia-Theater kaum. Momentan gilt das Thalia-Theater sogar als das weitaus solidere, besser geführte Haus, das sich durch die Kontinuität wahrende Arbeit seines Intendanten Jürgen Flimm zu einer der stabilsten deutschen Bühnen entwickelt hat.

Aber die Hamburger Theaterszene besteht natürlich nicht nur aus diesen beiden, wenn auch wichtigsten städtischen Bühnen. Sie wird ergänzt durch eine Reihe privater Theater, zum Teil auch sie subventioniert, alle mehr oder weniger erfolgreich, von den **Kammerspielen** bis hin zu den mit ihren jeweils rund 120 Plätzen winzigsten Theaterchen, dem – tatsächlich aus einem Küstenmotorschiff umgebauten – **Schiff** und dem **Theater im Zimmer**.

Weit über Hamburgs Grenzen hinaus bekannt geworden ist eine typische Hamburgensie: das **Ohnsorg-Theater**. Es liegt direkt im Zentrum, an der Großen Bleichen, einer der schicksten und beliebtesten Einkaufsstraßen der Stadt. Nach außen hin wirkt das Theater modern, nicht im mindesten so urig wie Besucher es sich vielleicht erhoffen, wenn sie die Übertragungen aus dem Ohnsorg-Theater vom Fernsehen her kennen. Im Zuschauerraum aber ist es rotplüschig, niedrig und gemütlich und fast immer vollbesetzt. Es hat eine feste, treue Gemeinde, die den Publikums-Lieblingen wie Heidi Kabel zujubelt – und sie vor allem auch versteht. Denn die Aufführungen im Fernsehen täuschen: Dort wird missingsch gesprochen, dieses komische Hamburger Hochdeutsch, das selbst in Bayern gerade noch zu verstehen ist. In der Heimatstadt aber gibt man die Stücke konsequent in niederdeutscher Sprache. Dennoch ist dieses tümelnde Theater eines der erfolgreichsten der Stadt, vor allem, seitdem es sich einem manchmal fast kritischen Heimat-Boulevard-Repertoire verschrieben hat.

Das jüngere Publikum der Stadt wird seit einigen Jahren von zwei Spielstätten angezogen, die eher der experimentellen Theaterszene zuzurechnen sind: Die Kampnagel-Fabrik und Schmidts Tivoli. **Kampnagel** war zwar nur kurzfristig als Notlösung gedacht und eingerichtet, als das Schauspielhaus umgebaut werden mußte. Aber die Räume in der alten aufgelassenen Fabrik hatten einen solchen Sog, so eine theatralische Kraft, daß sie nach schweren Kämpfen auch

Linke Seite: Musikhalle (links), Hamburger Deutsches Schauspielhaus (rechts).
Rechte Seite: Szenen aus «Peer Gynt» in der Hamburgischen Staatsoper (oben und Mitte), Szene aus «Platonov» im Thalia-Theater (unten).

Szene aus «Beirut» im Deutschen Schauspielhaus (oben), Heidi Kabel in «Frau Pieper leevt gefährlich» in einer Inszenierung des Ohnsorg-Theaters (unten).

erhalten blieben, als das Ensemble des Deutschen Schauspielhauses wieder in seine angestammten Räume zurückkehren konnte. Jetzt spielen dort vornehmlich die freien Gruppen der nationalen und internationalen Theaterszene, finden Kabarett- und andere Festivals statt, die viele Zehntausende von Besuchern anlocken. Auf der anderen Seite der «fringe-scene» stehen **Schmidt** und **Schmidts Tivoli**. Sie haben sich an der Reeperbahn angesiedelt, an der heißen Sexmeile der Stadt. Dieses legendäre Viertel hat sich seit einigen Jahren verändert. Immer mehr Maler und andere Künstler entdecken den Reiz des Kiezes, und daß zwei erfolgreiche neue Theater dort Fuß gefaßt haben, verstärkt nur den Trend. Bei Schmidt wird wunderbar vulgäres, schrilles Theater gemacht, mit Schwulen- und Transvestitenshows und hinreißend frechen Talkrunden. Hier wird eine «Carmen» gegeben, bei der Akteure und Zuschauer beim Sterben vor Lachen heulen, hier liebt das Publikum die Gratwanderung auf den schönen Höhen intelligentester Geschmacklosigkeit.

Ebenfalls an der Reeperbahn liegt das **Operettenhaus**, früher tatsächlich als Bühne für die leichte musikalische Branche genutzt. Jetzt wird dort nur eine Inszenierung gezeigt: «Cats». Zusammen mit dem «Phantom der Oper» – wie «Cats» eine Dauereinrichtung – in der **Neuen Flora** decken vornehmlich diese beiden Bühnen den Bedarf an kommerziellem Musiktheater in der Stadt ab. Sie sind die attraktiven «Zugpferde» für die Wochenendbesucher, die ihre günstigen Pauschalreisen zu Musical und Hafenrundfahrt buchen, und gelten daher vor allem bei den Hoteliers und Restaurantbesitzern Hamburgs als höchst künstlerisch.

Seriösere Musikliebhaber rümpfen darüber eher die Nase. Die reisen zwar auch aus allen Städten und Stätten Deutschlands an, finden sich aber eher in einem äußerlich nicht sonderlich attraktiven Bau an der Deichtorstraße wieder: der **Hamburger Oper**. Diese Bühne, die zu den führenden Opernhäusern Deutschlands gehört, ist in der Geschichte ihrer Entstehung und Wertschätzung ebenfalls eine typische Hamburgensie: Sie ist die erste Bürgeroper Deutschlands überhaupt. Gegründet wurde sie schon 1678, kurz nach dem Dreißigjährigen Krieg, als Hamburger Kaufleute aus Venedig zurückkehrten und vom Reiz des dort frisch erbauten Opernhauses schwärmten. Was die Stadtrepublik Venedig kann, kann die bürgerlich regierte Stadt Hamburg allemal, befanden die Hanseaten. Natürlich dachten sie – wie beim Deutschen Schauspielhaus – dabei auch an ihren Gewinn, und – ebenfalls wie beim Deutschen Schauspielhaus – es wurde dann auch mancher Intendant Opfer seiner Unfähigkeit, Kunst und Geld in Einklang zu bringen. Aber immer wieder spendeten die Hamburger Musikliebhaber hohe Summen, wenn ein Neubau anstand oder wenn, wie nach dem Krieg, das Haus repariert werden mußte. Im Repertoire spiegelt diese Oper eine Mischung aus herausfordernder moderner Kühnheit und konservativer Solidität. Im Klartext: Das Hamburger Publikum läßt sich nicht erschrecken, wenn die Intendanz Aufträge an zeitgenössische Komponisten vergibt, wenn die schrillen Dissonanzen des modernen Musiktheaters eine ganz andere Art des – manchmal fast schmerzhaften – Hörens verlangen als die sangbaren Opern eines Verdi oder Puccini. Aber hier an Elbe und Alster war man schon immer kühner als vermutet, wenn auch – und da sind wir wieder bei der hanseatischen Tradition – unter einer Bedingung: Die Qualität mußte, muß stimmen. Doch dem könnten auch Theater- und Opernfans aus anderen Orten zustimmen.

Jutta Duhm-Heitzmann

Kultur pur: Die Musikhalle (oben) und die Staatsoper (unten).

Eine der ersten Adressen – das Hotel «Vier Jahreszeiten» am Neuen Jungfernstieg.

Von Eppendorf bis nach Eimsbüttel zieht sich der Isebekkanal, eine der zahlreichen Wasserstraßen der Hansestadt.

Der **Stadtpark in Winterhude** ist eine Schöpfung aus Menschenhand, entstanden auf einem Wiesengelände mit einem Wäldchen. Mit seinen großen Rasenflächen, mit der Freilichtbühne, dem schattigen Ruhegarten und der Festwiese ist er ein Familienpark für alle Generationen. Sehenswert ist der Wasserturm, in dem 1929 bis 1930 ein Planetarium eingerichtet wurde, das Vorführungen über Himmelskunde, Kosmologie und Astrologie bietet. Ganz in der Nähe erstreckt sich die Jahn-Kampfbahn, eine Sportanlage; am anderen Ende des Parks befindet sich ein See. Blumen blühen im Rasen und in den Rosengärten.

Der **Ohlsdorfer Friedhof**, 405 Hektar groß und damit der zweitgrößte Friedhof der Welt, mehr als hundert Jahre alt, gilt als Sehenswürdigkeit – er erhielt auf der Pariser Weltausstellung einen «grand prix». Er ist das Ziel vieler Spaziergänger, denn er ist ein Parkfriedhof, ein Landschaftspark, geschaffen von Johann Wilhelm Cordes. Nach ihm wurde der alte Teil des Friedhofs benannt. Sein Nachfolger in der Gestaltung des inzwischen vergrößerten Geländes war Otto Linne. Durch den Ohlsdorfer Friedhof fahren Autobusse zu jeder der dreizehn Kapellen. Berühmte Hamburger – genannt seien Philipp Otto Runge, Alfred Lichtwark, Fritz Schumacher, Albert Ballin, Carl Hagenbeck und Gustaf Gründgens – haben hier ihre letzte Ruhestätte, aber auch die in Massengräbern beigesetzten Bombenopfer des Zweiten Weltkriegs. Ihnen gilt ein von Gerhard Marcks geschaffenes Denkmal. Ein Ehrenmal für die Opfer des Nationalsozialismus steht beim Krematorium.

Grünanlagen finden sich in allen Stadtteilen. Erwähnt sei hier nur jene kleine Grünanlage am Markt in Wandsbek. Hier befindet sich der ehemalige **Wandsbeker Friedhof**, auf dem 1815 Matthias Claudius, der bis heute unvergessene «Wandsbecker Bothe», seine letzte Ruhestätte fand. Die beiden schmiedeeisernen Kreuze auf der Grabstelle stehen für ihn und seine Frau Rebekka, die ihn um 17 Jahre überlebt hat.

Hagenbecks Tierpark im Stadtteil Stellingen mit seinem original erhaltenen Haupteingang gehört zu den weithin bekannten Sehenswürdigkeiten der Stadt. Dieser zoologische Garten gleicht einem Park – allerdings einem Park, der von vielen einheimischen und exotischen Tieren bevölkert ist und den Besucher schon deshalb nicht still auf einer Bank sitzen läßt. Nicht nur Tiere aus aller Welt sind zu sehen, sondern in Ausschnitten

Hamburgs Wasserstraßen.

Pöseldorf – Anziehungspunkt für Hamburgs Schickeria – ist in jeder Hinsicht ein teures Pflaster.

Zu den vornehmsten Wohnvierteln zählt Rotherbaum an der linken Alsterseite, das weitgehend von den Verheerungen des Zweiten Weltkriegs verschont blieb.

auch die Landschaften, in denen sie zu Hause sind. Die von Carl Hagenbeck für seinen 1907 gegründeten Tierpark entwickelte Konzeption, Tiere ohne Gitter in Freigehegen zu zeigen, wurde inzwischen vielfach nachgeahmt.

Die Alster

Die Alster, von der Quelle bis zur Mündung 54 Kilometer lang, überwindet auf ihrem Weg ein Gefälle von 27 Metern und entwässert zusammen mit ihren zahlreichen Nebenflüssen ein Gebiet von 587 Quadratkilometern.
Der Wanderweg um Binnen- und Außenalster hat eine Länge von rund fünfzehn Kilometern und dauert etwa drei bis vier Stunden. Er läßt sich abkürzen, wenn man unterwegs in eines der Alsterschiffe steigt. Eingeweihte nennen den Weg um die beiden Alsterbecken den schönsten Spaziergang, den Hamburg zu bieten hat. Er führt direkt am Ufer immer an einem Grünstreifen entlang. Lediglich auf der Uhlenhorster Seite geht es ein kurzes Stück durch eine Villenstraße. Aber zurück zur Binnenalster und zum **Alsterpavillon**, dem traditionsreichen Café am Jungfernstieg. Fünfmal wurde es zerstört oder abgerissen, fünfmal wieder aufgebaut. In einiger Entfernung am Ballindamm steht das **Hapag-Lloyd-Haus**, zu Beginn des 20. Jahrhunderts als erstes Verwaltungsgebäude der Hamburg-Amerika-Linie errichtet. Das heutige Erscheinungsbild entspricht dem Umbau von Fritz Höger 1912 bis 1923.
Beim Weg um die Außenalster bietet sich dem Blick als erstes die **Lombardsbrücke**, 1864 bis 1868 anstelle einer früheren Holzbrücke in der Mitte des alten Sperrdamms erbaut, im Jahr 1900 nach Norden verbreitert. Ihren Namen erhielt die mit gußeisernen Kandelabern bekrönte Brücke nach dem »Lombard« genannten Pfandleihhaus. Es bestand von 1651 bis 1827 am Westufer der Alster. Die zur Entlastung der alten Lombardsbrücke 1952 bis 1953 für den Kraftfahrzeugverkehr errichtete Neue Lombardsbrücke wurde 1963 in **Kennedybrücke** umbenannt. Über diese Brücke verläuft der 10. Längengrad östlich von Greenwich. Sehenswert, wenn auch nicht unmittelbar am Weg gelegen, ist der **Dammtorbahnhof**. Er entstand 1901 bis 1903 nach dem Grundkonzept der Berliner Bahnhöfe und wurde mit zahlreichen Jugendstildetails ausgestattet. Heute ist er Hamburgs Messe- und Kongreßbahnhof.

«Hanseatische Zurückhaltung», eher Mythos als Realität?

Im Sommer genießt man auch in Hamburg – wenn es das Wetter zuläßt – den Kaffee am liebsten unter freiem Himmel.

Links am Alsterufer: das **Amerikanische Generalkonsulat**. Es besteht aus zwei von Martin Haller um 1800 im Renaissancestil erbauten Villen, die nachträglich durch einen neoklassizistischen Mittelbau verbunden wurden. Abseits vom eigentlichen Ufer – zwischen Rotherbaum und Harvestehude – liegen die **Spielbank Hamburg**, die **Staats- und Universitätsbibliothek Carl von Ossietzky** mit mehr als zwei Millionen Bänden und ein 1867 erbauter Renaissance-Palazzo, ein Beispiel für viele noch erhaltene Einzelhäuser mit Dekorationsformen venezianischer und englischer Gotik. Das **Haus des Norddeutschen Rundfunks (NDR)**, in dem schon 1929 gesendet wurde, ist beheimatet in den Räumen der ehemaligen jüdischen Synagoge. An sie erinnert eine Gedenktafel. Das Haus selbst, in der Reichspogromnacht von den Nationalsozialisten zerstört, wurde nach dem Zweiten Weltkrieg für den NDR hergerichtet.
Zwischen Rotherbaum und Harvestehude liegt auch **Pöseldorf**. Ein Dorf dieses Namens hat es nie gegeben, ein Stadtteil ist es auch nicht, dieses Stück Hamburg, das vor 200 Jahren einmal ein Kleingartengelände war. Als die Gärten verschwanden, entstand ein verwinkeltes Gängeviertel. Der Name Pöseldorf blieb. In den fünfziger Jahren unseres Jahrhunderts veränderte der Antiquitätenhändler Eduard Brinkama den Charakter von Pöseldorf. Die verwinkelten und verträumten Gassen wurden zu einer attraktiven Bummelmeile mit Antiquitätengeschäften, anspruchsvollen Boutiquen und Galerien. In den zahlreichen Kneipen und Restaurants herrscht reges Nachtleben.
In der Nähe der Sportplatzanlagen steht die **St.-Johannis-Kirche**. Sie wurde 1880 bis 1882 erbaut und ist eine der wenigen gut erhaltenen neugotischen Kirchen Deutschlands. Sehenswert im Innern sind die Fenster mit Motiven aus der Heilsgeschichte.
Der Weg um die Außenalster führt durch das **Alstervorland**, eine schöne große Grünanlage mit altem Baumbestand, Liegewiesen, japanischen Kirschbäumen und Steinlaternen. Die Anlage entstand im Jahr 1952, als die Stadt die Privatgärten der Anlieger des Harvestehuder Wegs kaufte, um das Gelände für die IGA '53 zu nutzen.
Seitab (an der Alsterchaussee 30) steht ein 1829 erbautes klassizistisches Dreifachhaus, das einzige erhaltene Haus seiner Art in Harvestehude. In diesem Haus ist heute das **Theater im Zimmer** untergebracht. Am Alsterufer entlang geht

An der Außenalster.

Blick vom Fernsehturm auf die Außenalster und den Mundsburger Kanal.

In Hamburg wird der Wassersport großgeschrieben, hier der Jachthafen in Wedel.

dem 13. Jahrhundert erhalten, das auf einem Sockel aus der Zeit um 1600 ruht. Auf dem Friedhof der Kirche sind der Dichter Friedrich Gottlieb Klopstock, der seit 1770 in Altona seinen Wohnsitz hatte, und seine zwei Frauen begraben.

Am Klopstockplatz beginnt die prachtvolle, 1831 von Hamburger Großkaufleuten angelegte **Elbchaussee**, die als Deutschlands schönste und eine der berühmtesten Straßen Europas gilt. An dieser Straße steht – Erinnerung an den Bankier Salomon Heine und seinen Neffen, den Dichter Heinrich Heine – das **Heine-Haus**. Das 1832 von Salomon Heine errichtete Gärtnerhaus wurde 1975 bis 1979 restauriert und dient jetzt kulturellen Zwecken. Eine ganz andere Erinnerungsstätte ist der 1611 angelegte **jüdische Friedhof** mit Gräbern aus dem 17. und 18. Jahrhundert. Erwähnt sei auch das bekannte Kommunikationszentrum **Fabrik**, eine ehemalige Munitionsfabrik, in der Jazz-, Rock-, Pop- und Folklore-Veranstaltungen stattfinden.

Övelgönne, westlich von Altona gelegen, ist eine Lotsen- und Kapitänssiedlung von malerischem Reiz, einem Reiz, den Max Liebermann in einem Gemälde festgehalten hat. Die 250 Jahre alte Häuserzeile namens **Langer Jammer** steht unter Denkmalschutz. Niedrige Häuschen mit kleinen Vorgärten, ein Fliesenweg mit alten Gaslaternen, herrlicher alter Baumbestand – in Övelgönne scheint ein Stück der «guten alten Zeit» bewahrt zu sein. Die Elbchaussee verläuft etwas oberhalb des Wanderweges, vorbei am **Halbmondhaus**, einem Reetdachbau, der Ende des 18. Jahrhunderts erbaut und nach einem Brand wiedererrichtet wurde. An der Landseite des Wegs erstreckt sich der **Jenisch-Park** mit dem Jenisch-Haus (vom Gartensaal hat man einen schönen Blick auf den Park und die Elbe) und dem Ernst-Barlach-Haus, eine Stiftung von Hermann F. Reemtsma mit einer Sammlung von Skulpturen und Zeichnungen Barlachs.

Große und kleine Parks finden sich überall am Elbuferwanderweg: in Övelgönne Schröders Elbpark, in Othmarschen der erwähnte Jenisch-Park, in Klein Flottbek der Wesselhoeft-Park.

In **Nienstedten** lohnt es sich, den malerischen **Hirschpark** zu besuchen. Sehr sehenswert sind außer einem für die Kaufmanns- und Reederfamilie Godeffroy von 1789 bis 1792 errichteten Herrenhaus das Damhirschgehege, die mehr als 200 Jahre alte Rhododendron-Allee und ein vierreihiger Lindengang.

Ein beliebtes Ausflugsziel der Hanseaten ist das Schulauer Fährhaus in Wedel.

Fast schon eine Legende – einer der Kutter in Finkenwerder, mit denen die Fischer im 18. Jahrhundert aufs Meer fuhren, als der Fischvorrat in der Elbe nicht mehr ausreichte.

DAS ALTE LAND

Die Luft schmeckt süß, schmeckt wie Blütenduft und ist erfüllt vom Summen Tausender von Bienen: Obstblüte im Alten Land. Und so wie die Baumblüte die Bienen lockt, zieht sie auch Tausende von Besuchern in Hamburgs Obstgarten, in das zwischen Hamburg-Harburg und Stade gelegene Alte Land. Eröffnet wird der Blütenreigen im Mai von Kirsch- und Pflaumenbäumen. Nach ihnen entfalten die Apfelbäume ihre Blüten – und alle zusammen machen schon Appetit auf Altenländer Obst und Obstsaft.
Das Alte Land ist mit rund drei Millionen Obstbäumen das größte geschlossene Obstanbaugebiet Europas. Obst aus dem Alten Land wird per Lkw bis ins Ruhrgebiet transportiert, wird aber auch – jede Frucht zu ihrer Zeit – dem Besucher vom Erzeuger direkt vor der Haustür zum Kauf angeboten. Vom «Elbe-Obst» profitieren aber auch Hamburgs Nachbarländer, denn dort wird es an bestimmten Tagen ebenfalls ab Lkw verkauft.
Etwa acht Kilometer breit ist der Streifen Marschland am linken Ufer der Elbe. Die Flüsse Este, Lühe und Schwinge, die in die Elbe münden, fließen durch das Gebiet, das im Westen vom Geestrand, der bis zu dreißig Meter steil abfällt, begrenzt wird. Das Alte Land liegt tief und wird durch Deiche von den Hochwassern der Nordsee und der Geestflüsse geschützt. Dazu dienen auch die Entwässerungsanlagen mit Gräben und Schöpfwerken.
Um 1120 begannen ins Land gerufene holländische Deichbauer mit der Besiedlung des Landes. Die Arbeit, die sie nach «Meilen» gliederten, zog sich über Jahrzehnte hin. Während sie die neuen «Meilen» erschlossen, wirkte das bereits trocken gelegte Gebiet wie «altes Land», und so heißt noch heute die ganze Landschaft von der Este bis zur Stade. Mönche sollen dort die ersten Obstbäume gepflanzt haben. Die Bewohner des Alten Landes genossen einen Sonderrechtsstatus, denn

Linke Seite: Ein alter Leuchtturm (oben). Die Este – Grenze zwischen der «Zweiten» und der «Dritten Meile» des Alten Landes (unten). Rechte Seite: Auf dem Elbdeich bei Twielenfleth (oben), blühende Kirschbäume im Mai (unten).

ihnen wurde vom Erzbischof persönliche Freiheit zugesichert. Sie waren demnach ihre eigenen Herren, was im Mittelalter für die Landbevölkerung nicht unbedingt üblich war. Es wurde ihnen das Privileg einer eigenen Kirche und einer Niedergerichtsbarkeit zugestanden. Erst Anfang des 19. Jahrhunderts wurden ihre Rechte von der hannoverschen Regierung beschnitten.

Aber das Leben im Alten Land brachte nicht nur Freiheit, sondern auch Probleme mit sich, Probleme von seiten der Natur, denn bei den Sturmfluten 1392 und 1412 wurde das Alte Land überschwemmt und erst nach der Neubedeichung um 1460 wieder bewohnbar. Eine ähnliche Katastrophe ereignete sich 1962, was den Bau neuer Deiche zur Folge hatte.

Aber trotz der Schicksalsschläge entwickelte sich das fruchtbare Marschland zu einer lebendigen Kulturlandschaft, die nicht nur durch ihre blühenden Obstbäume zu einem verlockenden und lohnenden Ausflugsziel geworden ist. Dazu tragen auch die schönen typischen Altenländer Häuser bei, die unter blühenden Bäumen natürlich besonders reizvoll aussehen: kunstvolles Ziegelfachwerk mit weißen Balken, manchmal noch unter einem Reetdach.

Besonders sehenswert sind Jork, die «heimliche Hauptstadt» des Alten Landes, und Borstel. Das Rathaus Jorks ist ein Bau aus dem Jahr 1651, der «Gräfenhof», der 1980 kunstgerecht restauriert worden ist. Sehenswert in Jork ist auch die ursprünglich spätgotische Backsteinkirche. Sie wurde 1664 bis 1709 erneuert und besitzt eine Orgel von Arp Schnitger. Weiter gibt es eine Reihe von Bürgerhäusern im Altenländer Bauernhausstil und vor dem Gebäude der Sparkasse einen Gedenkstein für Gotthold Ephraim Lessing. In der Kirche von Westerjork wurde er 1776 mit Eva Catherina König vermählt. In der Umgebung der Stadt stehen die Altenländer «Ständerhäuser», deren seitliche Wände nichts zu tragen haben, weiter sogenannte «Brauttüren», die oben und unten zu öffnen sind, und Prunkpforten an manchen Grundstückseinfahrten. Viele solcher sehenswerten Häuser sind in den Dörfern Steinkirchen und Guderhandviertel zu finden. Hier steht der älteste Fachwerkbau des Alten Landes, ein Speicher von 1587. In Borstel bemerkenswert sind die St.-Nikolaus-Kirche, ein spätgotischer Backsteinbau mit hölzernem Glockenturm, und der Wehrt'sche Hof, ein Fachwerkbau aus dem Jahr 1635.

Bei einer Fahrt ins Alte Land lohnt sich ein Abstecher nach Neuenfelde, das seit 1937 zum Hamburger Teil der «Dritten Meile» Alten Landes gehört, mit der aus dem 17. Jahrhundert stammenden Pfarrkirche St. Pankratius. Der Innenraum ist reich ausgestattet und besitzt eine Orgel von Arp Schnitger, der seit 1684 in Neuenfelde seine Werkstatt hatte und in der Kirche beigesetzt wurde.

1929 bis 1930 wurde im Wasserturm im Stadtpark von Winterhude ein Planetarium eingerichtet.

Das kunstvoll verzierte Eingangstor von Hagenbecks Tierpark, Hamburgs weltberühmtem Zoo.

nenbrauerei untergebracht und zeigt außer vielen alten Werkzeugen den kompletten Prozeß der Bierherstellung.
Als «Umland» im weitesten Sinn kann auch **Helgoland** gelten, ein immer lockendes Ziel, das von Hamburg, genauer, von Cuxhaven, mit dem Schiff in etwa zwei Stunden zu erreichen ist. Die Insel, von Cuxhaven etwa 65 Kilometer entfernt, liegt vor der Mündung von Jade, Weser, Elbe und Eider in der Nordsee. Zur Insel gehören das Oberland, das Unterland und die vorgelagerte Insel «die Düne», die bis 1720 mit der Hauptinsel verbunden war. Die Fahrt nach Helgoland ist etwas für Frühaufsteher, denn alle Schiffe verlassen den Hafen so, daß sie etwa gegen Mittag in Helgoland sind. Flugverbindungen zur Insel bestehen das ganze Jahr hindurch, Schiffsverbindungen ebenfalls. Die Schiffe fahren in der Saison täglich, im Winter – ab 1. November – dreimal wöchentlich. Zu Ostern, Weihnachten und Neujahr gibt es Sonderregelungen.
Im Winter legt das Bäderschiff direkt im Hafen von Helgoland an. Im Sommer gehört das Aus- und Wiedereinbooten zur An- und Abreise, denn in der Saison kommen täglich bis zu acht Schiffe auf der Insel an, alle etwa zur gleichen Zeit, gegen Mittag. So viele Schiffe können im Hafen nicht gleichzeitig anlegen und abgefertigt werden. Die Schiffe ankern deshalb auf der Reede, und die raschen «Börteboote» bringen die Gäste an Land. Börteboote besorgen auch den Verkehr vom Flugplatz auf der Düne zur Hauptinsel. Die Düne, das Badeparadies Helgolands, ist durch einen regelmäßigen Fährverkehr mit der Hauptinsel verbunden. Beim Baden auf der Düne ist der Nordstrand den Freunden der Freikörperkultur vorbehalten, der «gemischte» Strand ist Bindeglied zwischen Badenden mit und ohne Textilien. Pflanzenfreunden bietet die Düne eine reiche Auswahl solcher Pflanzen und Gräser, die auf ein Leben in kargem Boden spezialisiert sind. Auf der Düne lassen sich mit etwas Glück aber auch Fossilien finden, «Donnerkeile» etwa oder «Katzenpfötchen». Das eine, der Belemnit, ist das versteinerte Stützgerüst eines früheren Tintenfischs, das andere bezeichnet die Innenversteinerung von Ammonitenkammern.
Helgoland bietet eine ganze Reihe von Besonderheiten und Sehenswürdigkeiten. Dazu zählt das Felswatt. Bei Ebbe wird ein Teil des unter Naturschutz stehenden Felssockels sichtbar: das Felswatt. Unter Führung ist das Nordostwatt begehbar und erlaubt einen Blick in die faszinierende Welt der Algen, Tange, Schnecken, Muscheln und Kleinlebewesen, die sich den Bedingungen eines Lebens in der Gezeitenzone angepaßt haben. Sie gedeihen nur hier. Eine der Besonderheiten ist auch die «Lange Anna», die 47,5 Meter hohe Natursäule aus rotem Sandstein, das Wahrzeichen Helgolands und seit 1969 Naturdenkmal. Und dann der Lummenfelsen (ein Naturschutzgebiet), auf dem im April Tausende von Lummen Hochzeit machen, von dem aus Ende Juni, Anfang Juli die noch nicht flüggen Lummenkinder den Sprung ins Meer wagen (müssen).
Vögel gehören überhaupt zu Helgoland. Im Frühjahr und Herbst zur Zeit des Vogelzugs überqueren sie in großen Scharen den roten Felsen, Tausende von ihnen machen Rast auf Helgoland. Die Vogelwarte der Insel ist Zentralstelle für den Seevogelschutz. Lohnend ist auch ein Blick ins Meeresaquarium, das in zehn großen und dreißig kleinen Schaukästen Tiere und Pflanzen des Meeres in ihrer natürlichen Umwelt zeigt.
Helgoland ist eine autofreie Insel der Fußgänger und ein Einkaufsparadies für die Tagesgäste (460 000 etwa kommen in jedem Sommer). Im Lung Wai, der Hauptgeschäftsstraße Helgolands, reiht sich Laden an Laden, jeder ein Duty-free-Shop, denn der Handel auf der Insel ist zoll- und umsatzsteuerfrei. Die Zollfreiheit ist ein altes Recht aus dem Jahr 1890. Für die Schiffahrt ist Helgoland von jeher Schutz- und Nothafen der Deutschen Bucht, vor allem bei schweren Herbst- und Winterstürmen. Sie dient als Schutzbucht der Hummerfischerei.
Mit Hamburg verbindet die Insel manches Geschichtliche. Sie war im 13. und 14. Jahrhundert Schlupfwinkel der Seeräuber, unter ihnen der berüchtigte Klaus Störtebeker, und war jahrzehntelang Kalklieferant der Hansestadt. Auf der Insel wurde Kalk abgebaut und nach Hamburg verschifft. Und im 17. Jahrhundert erreichten die Hamburger, daß auf dem Bred- oder Fredberg eine «Blüse», die auch Pharus genannte «Feuerblüse», errichtet wurde. Dieses offene Kohlenfeuer, die Vorstufe des Leuchtturms, war bis zum Jahr 1803 in Gebrauch.
Ein Bummel zu den Hummerbuden gehört zum Besuch Helgolands, ebenso der Weg aufs Oberland. Wer den Fahrstuhl verschmäht und die Treppe benutzt, kann nach 181 Stufen in einem Café verschnaufen und den weiten Blick über Unterland und Reede genießen.

Die Alte Harburger Elbbrücke über die Süderelbe.

Ein Kunstwerk aus Beton und Stahl – die Neue Elbbrücke.

TOURISTISCHE HINWEISE

Hamburg auf einen Blick
Die Freie und Hansestadt Hamburg liegt an der Einmündung der Alster und Bille in die Elbe, etwa hundert Kilometer von deren Mündung in die Nordsee entfernt, in einem ehemaligen Urstromtal, das etwa acht bis zwölf Kilometer breit ist. Die Stadt, in der etwa 1,6 Millionen Menschen leben, hat eine Fläche von 755 Quadratkilometern. Von dieser Fläche, zu der auch die Inseln Neuwerk und Scharhörn gehören, sind 695 Quadratkilometer Land- und sechzig Quadratkilometer Wasserfläche. 295 Quadratkilometer sind Acker, Gärten und Grünland mit Wald, Heide und Moor, sechzig Quadratkilometer werden als öffentliche Grün- und Parkanlagen genutzt.
Der Hafen ist der größte deutsche Seehafen und der zweitgrößte Containerhafen Europas. Die Hansestadt gilt als Medienmetropole Deutschlands, die jährlich über dreißig Milliarden erwirtschaftet. Vierzehn der zwanzig größten Publikumszeitschriften entstehen in den Verlagshäusern an der Elbe, in denen über 50 000 Menschen beschäftigt sind.

Zahlreiche Sehenswürdigkeiten: Der Hafen, die Speicherstadt, das Kontorhausviertel mit dem Chile- und dem Afrikahaus, die fünf Hauptkirchen St. Jacobi, St. Katharinen, St. Michaelis, St. Nikolai und St. Petri. Hamburg besitzt eine lebendige Kulturlandschaft mit über dreißig Museen und mehr als zwanzig Theatern.

Telefon-Vorwahl: 0 40

Information und Hotelreservierung
Tourismus-Zentrale Hamburg, Burchardstraße 14, Tel. 30 51-0.
Bei der Tourismus-Zentrale erhält man einen ausführlichen Hotel- und Gaststättenführer, der auf rund achtzig Seiten über das Hotel- und Gaststättenangebot der Hansestadt informiert. Hier gibt es auch die «Hamburg-Card» für Tages- und Übernachtungsgäste mit Preisermäßigungen bei Besichtigungen, Stadt- und Hafenrundfahrten.
Hinweis: Die Tourismus-Zentrale gibt für die besonders interessanten und sehenswerten Gebiete der Stadt (Museen, Hafen, Flußufer) spezielle Pläne heraus.

Eine romantische Stadtrundfahrt mit der «Hummelbahn».

Övelgönne.

Informationsstellen in Hamburg:
Tourist-Information im Hauptbahnhof
Hauptausgang Kirchenallee
Tel. 3 00 51-2 30
tägl. 7.00–23.00 Uhr

Tourist-Information am Flughafen
Terminal 3 (Ankunft)
Tel. 3 00 51-2 40
tägl. 8.00–23.00 Uhr, Nov.–Feb.
tägl. 10.00–17.00 Uhr

Tourist-Information am Hafen
St.-Pauli-Landungsbrücken
zwischen Brücke 4 u. 5
Tel. 3 00 51-2 00
tägl. 9.00–18.00 Uhr

Tourist-Information im Hanse-Viertel
Eingang Poststraße, Tel. 3 00 51-2 20
Mo–Fr 10.00–18.30 Uhr, Sa 10.00 bis 15.00 Uhr

Tourist-Information im Bieberhaus
Hachmannplatz
Tel. 3 00 51-2 44/2 45
Mo–Fr 9.00–18.00 Uhr, Sa 9.00 bis 15.00 Uhr

Hotelinformationstafel der Tourismus-Zentrale Hamburg mit direkten Buchungsmöglichkeiten:
Flughafen, Terminal 2 (Ankunft)
(kostenloser Telefonservice zu den beteiligten Hotels)

Sonderservice: Telefonische Information über freie Hotelzimmer
Tel. 1 94 12

Groß ist das Angebot auf dem Markt in Goldbek.

Verkehrsverbindungen

Autobahn:
E 22 (Lübeck-Hamburg-Bremen)
E 45 (Flensburg-Hamburg-Hannover)
E 26 (Hamburg-Berlin)

Eisenbahn:
99 Intercity- und Eurocitylinien beginnen oder enden in Hamburg.

Flugverkehr:
Der Flughafen Fuhlsbüttel ist in ein dichtes innerdeutsches Flugnetz eingebunden. Im internationalen Linienverkehr werden alle großen europäischen Hauptstädte und wichtige amerikanische Städte angeflogen.

Innerstädtische Verbindungen:
Hamburg hat ein gut ausgebautes Netz von Omnibussen, S- und U-Bahn-Linien. Mit Ausnahme der Alsterschiffahrt sind alle öffentlichen Verkehrsmittel im Hamburger Verkehrsverbund (HVV) zusammengeschlossen. Es gibt eine günstige Touristenkarte.

Stadtrundfahrten

Stadtrundfahrten mit dem Bus:
Ab Hauptbahnhof/Kirchenallee
Auskunft: Tel. 22 71 06-0

Standard-Tour
2.1.–16.4. u. 2.11.–31.12. tägl. 11.00 u. 15.00 Uhr, 17.4.–5.6. und 5.10.–1.11. tägl. 11.00, 12.00, 13.00, 15.00 und 16.00 Uhr, 6.6.–4.10. tägl. 9.00, 11.00, 12.00, 13.00, 15.00 u. 16.00 Uhr. Dauer ca. 1¾ Stunden

Große Stadtrundfahrt
2.1.–31.12. tägl. 10.00 und 14.00 Uhr. Dauer 2½ Stunden

Stadt- und Hafenfahrt kombiniert
Abfahrtszeiten wie Standard-Tour
Dauer ca. 2½ Stunden

Stadtrundfahrten mit der Hummelbahn:
Ab Hauptbahnhof/Kirchenallee
Auskunft: Tel. 7 92 89 79

Standard-Tour
1.4.–31.10. tägl. 10.00–17.00 Uhr stündl., 1.11.–31.3. tägl. 12.00, 14.00 und 16.00 Uhr. Dauer 1½ Stunden

Kombinierte Stadt- und Hafenrundfahrt
1.4.–31.10. tägl. 10.00–16.00 Uhr stündl., 1.11.–31.3. Sa, So, Feiertag 12.00, 14.00 Uhr, Mo–Fr nach Bedarf.
Dauer 2½ Stunden

Große Lichterfahrt mit der Hummelbahn
Mai–Aug. Fr und Sa 20.00 Uhr
Dauer 3 Stunden

Hafenrundfahrten

Ab St.-Pauli-Landungsbrücken

Große Hafenrundfahrt mit HADAG-Schiffen
Nähere Auskünfte:
Tel. 31 46 44/31 50 05/31 39 59
Dauer 1 Stunde, Abfahrt Brücke 2

Super Hafenrundfahrt mit HADAG-Schiffen
Tel. 31 17 07-0
März–Sept. So 10.30–14.30 stündl.
Dauer 1½ Stunden,
Abfahrt Brücke 7

Die Alster vom Winterhuder Fährhaus aus, im Hintergrund der Hayns-Park.

Störtebekers Seefahrer Gelage
Tel. 22 74 23 20
tägl. 20.00 Uhr
Dauer 4 Stunden, Abfahrt Brücke 6

Alster-Schiffahrt
Alle Fahrten ab Anleger Jungfernstieg (Apr.–Okt.)

Alster-Rundfahrten
tägl. 10.00–18.00 Uhr halbstündl.
Dauer ca. 50 Minuten

Fleet-Fahrten
tägl. 10.45, 13.45, 16.15 Uhr
Dauer ca. 2 Stunden

Kanal-Fahrten
tägl. 9.45, 12.15, 14.45 Uhr,
Mai–Sept. zusätzlich 17.15 Uhr
Dauer ca. 2 Stunden

Dämmertörn
Mai–Sept tägl. 20.00 Uhr
Dauer ca. 2 Stunden

Vierlande-Fahrten
Mai–Sept. tägl. außer Di 10.15 Uhr
Dauer ca. 3 Stunden

Museen (Auswahl)
Staatliche Museen
Altonaer Museum/Norddeutsches Landesmuseum
Museumsstraße 23, Tel. 38 07-5 14
Di–So 10.00–18.00 Uhr

Hamburger Kunsthalle
Glockengießerwall 1
Tel. 24 86-26 12
Di–So 10.00–18.00 Uhr

Hamburger Museum für Archäologie und die Geschichte Harburgs
Museumsplatz 2, Tel. 7 71 70-6 09
Di–So 10.00–17.00 Uhr

Hamburgisches Museum für Völkerkunde
Rothenbaumchaussee 64
Tel. 4 41 95-5 24
Di–So 10.00–18.00 Uhr

Museum der Arbeit
Barmbek, Maurienstraße 19
Tel. 29 84-23 64
Mo 16.00–20.00 Uhr und nach Vereinbarung

Museum für Hamburgische Geschichte
Holstenwall 24, Tel. 35 04-23 60/80,
Di–So 10.00–18.00 Uhr

Museum für Kunst und Gewerbe
Steintorplatz 1, Tel. 24 86-26 30
Di–So 10.00–18.00 Uhr

Weitere Museen
Alstertalmuseum
Wellingsbüttel, Wellingsbütteler Weg 79a, Tel. 5 36 66 79
Sa u. So 11.00–13.00 Uhr u. 15.00 bis 17.00 Uhr

Deichtorhallen
Deichtorstraße, Tel. 32 37 63
Öffnungszeiten je nach Veranstaltung

Deutsches Maler- und Lackierermuseum
Billwerder, Billdeich 72 (Glockenhaus), Tel. 34 38 87 u. 7 33 87 06

Electrum (Museum der Elektrizität)
Klinikweg 23, Tel. 6 36 36 41
Di–So 9.00–17.00 Uhr

Jenisch-Haus
Othmarschen, Baron-Vogth-Straße 50,
Tel. 82 87 90
1.4.–31.10. Di–Sa 14.00–17.00 Uhr,
So 11.00–17.00 Uhr, Herbst und Winter Sa 13.00–16.00 Uhr, So 11.00 bis 16.00 Uhr

Museum für Bergedorf und die Vierlande
Bergedorfer Schloß
Tel. 72 52-25 09
Di, Mi, Do, Fr u. So 10.00–17.00 Uhr

Historische Bauernhäuser im Museumsdorf Volksdorf.

Blick auf die Küste Helgolands mit ihren steilen Buntsandsteinfelsen.

Museumsdorf Volksdorf
Im Alten Dorfe 46/48, Tel. 6 03 52 25
Di–So 10.00–18.00 Uhr

Museumshafen Övelgönne
Am Anleger Neumühler Kai
Tel. 38 41 11
Frei zugänglich

Planetarium
Winterhude, Hindenburgstraße 1
Tel. 51 66 21
Ausstellung und Aussichtsplattform: So–Fr 10.00–15.30 Uhr, Mi–Fr 10.00 bis 19.00, Vorführungen So 11.00 Uhr, 14.30 Uhr, 16.00 Uhr, Mi u. Fr 16.00 u. 18.00 Uhr

Schausammlung des Instituts für angewandte Botanik
Marseiller Straße 7, Tel. 41 23-23 31
Mo–Fr 9.00–16.00 Uhr

Konzerte und Theater (Auswahl)
Deutsches Schauspielhaus
Kirchenallee 39/41, Tel. 24 87 13

Hamburger Kammerspiele
Hartungstraße 9

Hamburgische Staatsoper
Dammtorstraße 28, Tel. 35 17 21

Kampnagelfabrik
Jarrestraße 20–26, Tel. 2 79 10 66

Neue Flora
Ecke Alsenstraße/Stresemannstraße
Tel. 27 07 52 70

Ohnsorg-Theater
Große Bleichen 23
Tel. 35 08 03 21

Operettenhaus
Spielbudenplatz 1, Tel. 31 11 76

Schmidt
Spielbudenplatz 24, Tel. 31 12 31

Schmidts Tivoli
Spielbudenplatz 27/28
Tel. 31 12 31

St. Pauli-Theater
Spielbudenplatz 29, Tel. 31 43 44

Thalia-Theater
Alstertor, Tel. 32 26 66

Theater im Zimmer
Alsterchaussee 30, Tel. 44 65 39

Touristische Information Helgoland
Auskünfte:
Kurverwaltung Helgoland, Lung Wai, Postfach 720, 27498 Helgoland
Tel. 0 47 25/8 08 62

Flugverbindung ab Hamburg:
Auskunft und Buchungen bei Roland Air Flugverkehrs- und Vertriebsgesellschaft mbH, Bremen-Flughafen, 28199 Bremen
Tel. 04 21/5 55 90

Schiffsverbindungen:
Das ganze Jahr hindurch ab Cuxhaven. In der Saison tägl., im Winter (ab 1. Nov.) dreimal wöchentl., Sonderregelungen zu Ostern, Weihnachten und Neujahr.
Auskunft:
Reederei Cassen Eils GmbH & Co. KG
Bei der Alten Liebe 12
27472 Cuxhaven
Tel. 0 47 21/3 50 82/83/84
Seetouristik Reedereibüro Hamburg
Vorsetzen 32, 20459 Hamburg
Tel. 0 40/3 73 33 74.

Malerisch eingebettet in die Gärten sind die schmucken Villen von Övelgönne.

SACHREGISTER

Iranisch-Schiitische Moschee

Eine von Hamburgs beliebten Grünanlagen: Planten un Bloomen.

PERSONENREGISTER

Klabauternacht

LITERATUR

Bracker, Jörgen:
Hamburg. Hamburg: Kabel 1987.

Eckert, Gerhard:
Wandern zwischen Elbe und Weser. München, Wien: BVZ-Verlagsgesellschaft 1983.

Fiedler-Winter, Rosemarie:
Engel brauchen harte Hände. Düsseldorf: Econ 1967.

Klessmann, Eckart:
Geschichte der Stadt Hamburg. Hamburg: Hoffmann & Campe 1981.

Loose, Hans Dieter (Hg.):
Geschichte der Stadt Hamburg in zwei Bänden.
Hamburg: Hoffmann & Campe 1982.

Oppens, Edith:
Hamburg. München: Prestel 1981.

Sperber, Achim:
Land hinterm Deich. Vierlande und Marschlande. Hamburg: Christian Wolf 1981.

Thomsen, Helmuth:
Hamburg. München: Prestel 1962.

Das Vorlesungsgebäude der Hamburger Universität.

DIE AUTOREN

Fotografie: Susanne Hinderks
Lebt als Fotografin und Grafikdesignerin in Bremen. Bildautorin mehrerer Bildbände über Hamburg, Mitwirkung an «Bremen» und «Bremerhaven».

Text: Barbara Beuys, promovierte Historikerin. Seit 1970 als Journalistin (Stern, Merian, Die Zeit) in Hamburg tätig und Autorin historischer Sachbücher. Verfasserin des Porträts (S. 21–68).

Alice Ohrenschall, lebt als freie Journalistin in Kiel. Mitautorin mehrerer Bildbände über Hamburg, Autorin von Bucher's Reisebegleiter «Helgoland». Verfaßte die Chronik (S. 9–17), das Glossar (S. 73–130), den schönsten Rundgang (S. 94–95), die touristischen Hinweise (S. 134–137) und die Beiträge über Fleete und Speicherstadt (S. 42–44), Hamburgs berühmte Persönlichkeiten (S. 64–65), das Alte Land (S. 126–127) und den Hafen (S. 78–80).
Teile des Essays über den Hafen stammen von Erich Lüth.

Jutta Duhm-Heitzmann, langjährig als Redakteurin (Stern, Die Zeit) in Hamburg tätig. Jetzt hauptsächlich Autorin des Zeitmagazins. Verfaßte den Beitrag über die Hamburger Theaterszene (S.104–106).

Metta Frank, langjährig als stellvertretende Chefredakteurin der Zeitschrift «essen & trinken» tätig. Lebt als freie Autorin in Hamburg. Verfasserin des Beitrags über die Hamburger Küche (S. 28–30).

Einbandfotos:
Die St.-Pauli-Landungsbrücken (Vorderseite)
Das Nikolaifleet (Rückseite)

IMPRESSUM

ERINNERN · ENTDECKEN · ERLEBEN
HAMBURG
Konzeption: Axel Schenck
Redaktion: Gabriele Kutscha
Grafische Gestaltung und Realisierung: Armin Köhler
Herstellung: Angelika Kerscher

Redaktionsschluß: September 1993

Sonderausgabe für
Verlag Das Beste GmbH, Stuttgart 1993

Druck und Bindung:
Mohndruck Graphische Betriebe GmbH, Gütersloh
ISBN 3 87070 469 1

Bildnachweis:
Action-Press, Hamburg: S. 94 (o.)
Archiv für Kunst u. Geschichte, Berlin: S. 4 (o.), 8 (o.), 9 (u.), 11 (u.), 64 (o., M.l), 65 (o.)
Deutsche Staatsbibliothek in der Stiftung Preußischer Kulturbesitz, Berlin: Vor- und Hintersatz, S. 12 (o.)
Historia-Photo, Hamburg: S. 22 (u.), 23 (u.)
Maike Kollenrott, Hamburg: S. 106 (u.)
Sammlung Käthe Hamann, Hamburg: S. 16 (u.), 18/19, 57 (o.)
Sammlung Axel Schenck, München: S. 56/57 (5)
Jens Schiermann, Hamburg: S. 28 (2), 29 (3), 30 (2)
Die restlichen historischen Aufnahmen stammen aus dem Verlagsarchiv.
© für die Karten auf S. 5 und 95
Neide, Atelier für Kartographie, Norderstedt

Grosse Alster
O
N
S
W
Rabe
Hunte b.
A
Binnen Alster
Rothe Baum
Hunde beek
A
Grindel
HAMBURG
Schlumpf
Pesthügel
Juden Kirchhof
Glashütte
Sternschantze
B
Öhlmühl
A
Heiligen Geist Feld
Schulterblatt
Rosenhof
Kranken hof
Reperbahn
Hamburgerbe